교양인을
위한
로마사

ROMA TEIKOKU by Masanori Aoyagi

Copyright © 2004 by Masanori Aoyagi
First published 2004 by Iwanami Shoten, Publishers, Tokyo.
This Korean edition published 2016 by GYOYUSEOGA
an imprint of Munhakdongne Publishing Group, Paju-si
by arrangement with the Proprietor c/o Iwanami Shoten, Publishers, Tokyo.

교양인을
위한
로마사

아오키 마사노리 지음
강유주 옮김

교육서가

I
로마 제국이
탄생하기까지

건국 이야기와 패권 확립의 과정

II
로마 제국의
성립

아우구스투스의 시대

III
제국의
발전과 번영

황제들의 향연

IV
역사상 가장
평화로웠던 시대

오현제의 통치

V
제국의
혼란과 해체

로마 제국은 왜 멸망했는가

3세기 말의 수도 로마

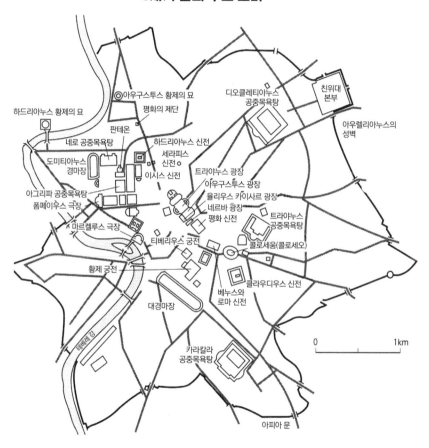

아우구스투스 황제의 묘
디오클레티아누스 공중목욕탕
친위대 본부
하드리아누스 황제의 묘
평화의 제단
아우렐리아누스의 성벽
판테온
네로 공중목욕탕
하드리아누스 신전
세라피스 신전
도미티아누스 경마장
이시스 신전
트라야누스 광장
아우구스투스 광장
아그리파 공중목욕탕
율리우스 카이사르 광장
폼페이우스 극장
네르바 광장
평화 신전
트라야누스 공중목욕탕
마르켈루스 극장
티베리우스 궁전
콜로세움(콜로세오)
황제 궁전
클라우디우스 신전
베누스와 로마 신전
대경마장
테베레 강
카라칼라 공중목욕탕
아피아 문

0   1km

브리타니아

토이토부르크

하 게르마니아

엘베 강

루그두넨시스

벨기카

라인 강

라이티아

노리쿰

상 게르마니아

아퀴타니아

판노니아

나르보넨시스

❶

❷

❸

달마티아

루시타니아
에메리타 아우구스타
(메리다)

타라코넨시스

코르시카

이탈리아

로마

바이티카

발레아레스

사르데냐

에페이로

카르타고

마우레타니아
틴기타나

마우레타니아
카이사리엔시스

누미디아

시칠리아

아프리카 프로콘술라리스

❶ 알페스 포이니나이
❷ 알페스 코티아이
❸ 알페스 마리티마이

0   500km

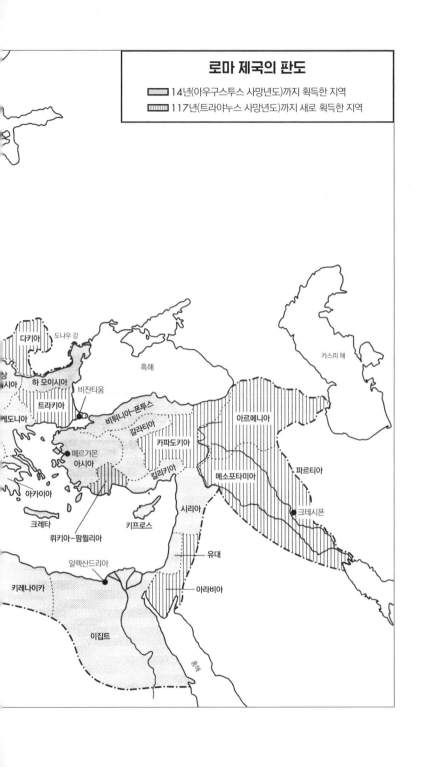

로마 제국의 판도

14년(아우구스투스 사망년도)까지 획득한 지역
117년(트라야누스 사망년도)까지 새로 획득한 지역

다키아

도나우 강

카스피 해

하 모이시아

흑해

비잔티움

트라키아

케도니아

비튀니아-폰투스

아르메니아

갈라티아

카파도키아

페르가몬
아시아

파르티아

메소포타미아

킬리키아

아카이아

크레시폰

크레타

뤼키아-팜퓔리아

키프로스

시리아

알렉산드리아

유대

키레나이카

아라비아

이집트

홍해

율리우스-클라우디우스 가문의 가계도

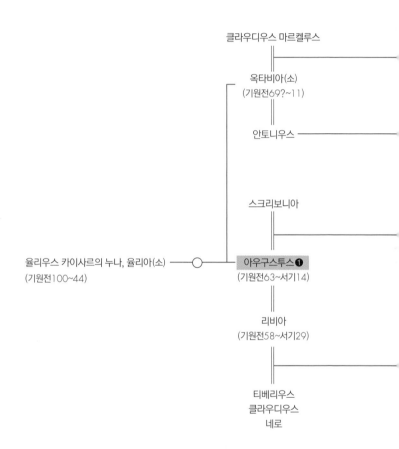

클라우디우스 마르켈루스

옥타비아(소)
(기원전69?~11)

안토니우스

스크리보니아

율리우스 카이사르의 누나, 율리아(소)　　　아우구스투스❶
(기원전100~44)　　　　　　　　　　　　　(기원전63~서기14)

리비아
(기원전58~서기29)

티베리우스
클라우디우스
네로

　　　　　는 황제　　● ◆ ▲는 각각 동일인물
율리우스-클라우디우스 가문은 율리우스 가문의 아우구스투스와
그의 아내 리비아(전 남편 클라우디우스)의 가계를 가리킨다.

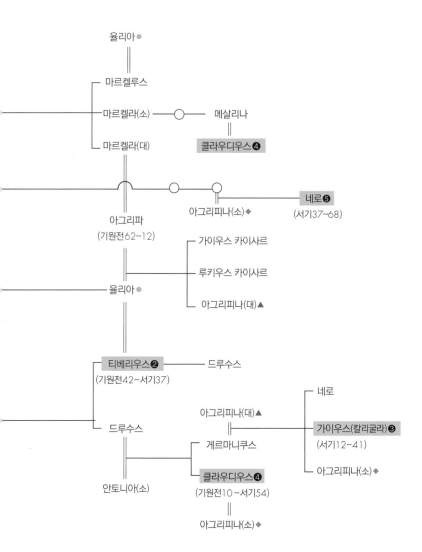

율리아●

마르켈루스

마르켈라(소) ─○─ 메살리나

마르켈라(대)

클라우디우스❹

아그리파
(기원전62~12)

○   ○─ 네로❺

아그리피나(소)◆   (서기37~68)

가이우스 카이사르

루키우스 카이사르

율리아●   아그리피나(대)▲

티베리우스❷ ── 드루수스
(기원전42~서기37)

네로

아그리피나(대)▲

가이우스(칼리굴라)❸
드루수스   (서기12~41)

게르마니쿠스

클라우디우스❹   아그리피나(소)◆

안토니아(소)   (기원전10~서기54)

아그리피나(소)◆

왜 지금 로마 제국을
돌아봐야 하는가

우리가 살고 있는 지구라는 행성에는 현재 200여 개의 나라가 있습니다. 과거에도 많은 나라가 생겨났다가 사라지곤 했고요. 현재와 과거의 나라들을 합하면 수백 개가 됩니다. 그중에서 가장 번영한 대국을 뽑는다면 어떤 나라가 떠오르나요? 일곱 바다를 지배한 왕년의 대영제국인가요. 아니면 현재 압도적인 군사력과 경제력을 자랑하는 미국인가요? 저는 주저하지 않고 고대 로마 제국을 들겠습니다. 왜 그런지 그 이유를 잠시 이야기해보죠.

지난 걸프 전쟁과 이라크 전쟁에서 미국의 전투기나 폭격기는 압도적으로 강하다는 느낌을 주었습니다. 하지만 폭격 이후에는 그만큼 압도적이라는 생각이 들지 않았습니다. 어쨌거나 그런 이유로 미국은 '하늘의 제국', 대영 제국은 '바다의 제국', 로마 제국은 '육지의 제국'이라고 불리기도 합니다. 로마 시대에는 당연히 비행기가 없었습니다. 그리고 지중해를 '우리 바다'라고 부르긴 했지만 강력한 해군을 필요로 하지는 않았습니다. 그러므로 규율이 엄격한 군단을 중심으로 한 육군이 로마 제국의 힘의 원천이었다는 인상을 받습니다. 과연 그럴까요?

로마 제국을 실질적으로 구상하고 창건한 아우구스투스는 권력을 장악하면서 정규군을 반으로 줄이는 군축을 단행했습니다. 병력 대다수를 변경이라고 불리는 국경 지대의 국토방위군으로 배치하고 이전의 정복 전쟁 예비군을 감축했던 것입니다. 이 군축은 제국에 큰 공헌을 했지요. 고대 국가는 국가 재정의 상당 부분을 군사비가 차지하고 있었기 때문입니다. 그리하여 삭감된 군사비를 도로, 상하수도, 공공 건축 등 사회 기반시설 정비에 쓸 수 있었습니다.

이 군축만 예로 들어도 오늘날 로마 제국을 돌아볼 가치가 있습니다. 하지만 그보다 훨씬 중요한 사실에 주목해야 한다고 생각합니다. 로마는 그때까지 전쟁이 끊이지 않았던 지중해 세계를 하나의 나라로 통합하면서 300년 가까이 전쟁이 없는 평화로운 지역을 탄생시켰습니다. 제국에 사는 사람들은 평화와 번영의 은혜를 충분히 누렸지요. 물론 그 평화와 번영의 이면에는 수많은 노예가 존재했고 제국 밖에는 로마인에게 위협을 느끼는 이민족이 있었다는 사실을 잊어서는 안 됩니다. 그러나 제국 내 사람들의 생활수준이 헬레니즘 시대를 훨씬 능가했다는 사실만으로도 로마 제국을 돌아볼 가치가 있지 않을까요?

로마 제국은 고대라는 시대를 총결산한 사회입니다. 서로마 제국이 멸망하자 유럽은 중세 시대로 접어들었고 이후 근대와 현대에 이르렀습니다. 그리고 이 현대라는 시대는 고대의 종언 이후 시작된 시대의 연장선상에 있으며 아직까지 총결산이나 결말을 보지 못하고 있습니다. 그렇다면 현대 세계의 모델이 될 수 있는 것은 고대라는 시대의 최종 형태인 로마 제국뿐이지 않을까요? 정말로 그런지 지금부터 살펴보도록 합시다.

I

로마 제국이
탄생하기까지

건국 이야기와 패권 확립의 과정

카피톨리노의 늑대 쌍둥이 형제 로물루스와 레무스에게 암늑대가 젖을 먹이고 있다. 쌍둥이는 르네상스 시대에 덧붙여졌다. (로마, 카피톨리니 미술관, 기원전 500~480년경)

**평화의
제단**

로마 제국의 창건자이자 실질적으로는 제국의 초대 황제였던 아우구스투스(기원전 63~서기 14)는 기원전 13년에 원로원으로부터 '평화의 제단'을 받게 됩니다. 이탈리아 반도뿐만 아니라 지중해 연안 전역에 평화를 가져온 아우구스투스의 공적을 기리기 위해서였습니다. 평화의 제단을 건립한 장소는 수도 로마의 신도심이라고도 할 수 있는 캄푸스 마르티우스의 북쪽이었습니다. 아름다운 포석이 깔린 공원에 평화의 제단이 품격 있고 산뜻한 모습을 드러낸 것은 기원전 9년의 일입니다. 100년에 걸친 내란을 겪은 뒤 드디어 실현된 평화 시대를 상징하는 제단을 보고

평화의 제단 정면 오른쪽 측벽의 부조 아이네아스가 페나테스 신에게 희생물을
바치고 있다.

로마 시민은 감개무량했을 것입니다.

　이 평화의 제단 정면 오른쪽 측벽 윗부분에는 트로이
의 영웅 아이네아스가 이탈리아에 가까스로 당도해 페나
테스 신에게 감사를 드리는 장면이 새겨져 있습니다. 그리
스와의 전쟁에 져서 폐허가 된 트로이를 뒤로한 아이네아
스가 지중해를 방랑하며 숱한 위험을 넘기고 신천지 이탈
리아에 도착하여 라비니움 땅에 드디어 새로운 도시를 건
설하게 되었을 때의 일입니다.

　떡갈나무 아래에 설치된 제단을 중심으로 보랏빛 천
을 머리에 두른 아이네아스는 창을 든 아들 율루스(아스카
니우스라고도 한다)를 데리고 신에게 감사의 뜻을 표하기 위

라비니움의 어미 돼지
(1세기 후반, 코펜하겐,
글립토테크 미술관)

해 흰 암돼지를 이 제단에 바치는 의식을 치르고 있습니다. 하지만 의식을 치르는 도중에 희생물로 바치기로 한 암돼지가 갑자기 서른 마리의 새끼를 낳았습니다. 이에 대해서 로마인은 흰 암돼지가 나중에 건설되는 알바롱가('희고 긴 마을'이라는 뜻)를 상징한다고 생각했고, 태어난 새끼 돼지는 그 마을에서 많은 자손이 태어나 번영한다는 의미로 해석했습니다. '라비니움의 어미 돼지'라고 불리는 이 장면은 로마인의 조상이 트로이 출신의 아이네아스로까지 거슬러올라간다는 것을 보여주고 있습니다. 또 그의 아들 율루스는 아우구스투스의 가계인 율리우스 가문의 기원을 시사하고 있다고 생각됩니다.

한편 왼쪽 측벽 위쪽에는 무화과나무 아래에서 암늑대가 로물루스와 레무스에게 젖을 주고 있고 그들의 아버지인 군신 마르스와 양아버지가 되는 양치기가 양쪽에 서서 쌍둥이를 지켜보고 있는 모습이 새겨져 있습니다. '암늑대의 동굴'로 불리는 이 장면은 나중에 로마를 건설하는 로물루스의 어린 시절을 나타내고 있는데 로마인은 이를 로마의 기원을 말해주는 대단히 중요한 이야기로 생각했습니다.

평화의 제단은 지금으로 말하자면 국회에 해당하는 원로원에서 정식 의결을 거쳐 조성된 공식 기념 건조물입니다. 따라서 거기에 새겨진 '라비니움의 어미 돼지'와 '암늑대의 동굴'은 로마인의 선조가 누구이고 나라의 기원이 어디까지 거슬러올라가는지를 공식적으로 밝히고 있습니다. 물론 공간이 한정되어 있으므로 '로마 건국 이야기' 가운데 가장 중요한 부분만 발췌되어 있습니다. 그래서 이 이야기를 좀더 자세하게 따라가보고자 합니다.

트로이 전쟁

아이네아스의 조국 트로이가 그 존망을 걸고 그리스와 싸우게 되는 트로이 전쟁의 원인은 그 유명한 '파리스의 심판'이었습니다. 그리스를 대표하는 세 여신 헤라, 아테나, 아프로디테는 그들 가운데 누가 가장 아름다운지 트로이의 왕자 파리스에게 심판을 받기로 합니다. 세 여신은 저마다 만약 자신을 뽑아준다면 각자 멋진 선물을 하겠다고 파리스에게 약속했습니다. 그중에서도 아프로디테는 세계에서 가장 아름다운 여성 헬레네와 결혼할 수 있도록 해주겠다고 약속합니다. 이 약속에 마음이 움직인 파리스는 아프로디테를 가장 아름다운 여신으로 결정합니다.

절세미녀 헬레네는 이미 스파르타의 왕비였지만 파리스는 스파르타의 왕이 자리를 비운 때를 노려 그녀를 트로이로 데려갑니다. 스파르타의 왕은 헬레네를 되찾아올 수 있도록 도와달라고 그리스 전역에 호소했고, 이에 아가멤논을 총사령관으로 삼은 그리스군이 편성되어 트로이로 파견되었습니다. 그리스군에는 수많은 용사가 참여했지만 헥토르를 총사령관으로 삼은 트로이는 필사적으로 방어했고, 어느덧 10년이라는 세월이 흘렀지만 전쟁에는 별다른 진전이 없었습니다.

그런 상황에서 트로이 최고의 용사 헥토르는 그리스군 제일의 용사 아킬레우스의 둘도 없는 친구 파트로클로스를 쓰러뜨리는 데 성공합니다. 그러나 그 일 때문에 크게 분노한 아킬레우스는 헥토르를 죽이고 맙니다. 총사령관을 잃고 열세에 몰린 트로이는 방어를 철저히 하며 성안에 틀어박혀 전투를 계속하려 했지만 결국 '트로이의 목마'

안에 숨어 있던 그리스 병사가 안쪽에서 성문을 여는 바람에 함락되고 말았습니다.

이때 홀로 살아남은 트로이 용사가 아이네아스입니다. 헥토르 못지않은 전사이자 경건한 마음을 가진 아이네아스는 항상 신들의 비호를 받아 죽음을 면했습니다. 아이네아스는 트로이의 재건을 다짐하면서 신천지를 찾아 조국을 뒤로합니다.

아이네아스와 로마의 건국

지중해 연안 각지를 방랑한 끝에 아이네아스는 겨우 이탈리아에 상륙하여 라틴인들이 사는 땅 라티움에 정착할 수 있었습니다. 물론 그곳에서도 여러 가지 어려움이 있었지만 이윽고 라티움 왕의 딸 라비니아와 결혼하여 두 사람은 새로운 도시를 건설합니다. 아내의 이름을 따 라비니움이라고 명명된 이 수도는 바로 아이네아스가 오랫동안 꿈에 그렸던 트로이를 대신할 새로운 수도였습니다. 드디어 염원을 달성한 아이네아스가 신에게 감사의 마음을 올리기 위해 행한 의식이 앞서 말한 평화의 제단에 새겨진 모습입니다.

여기까지의 이야기는 기원전 700년경 활약한 호메로

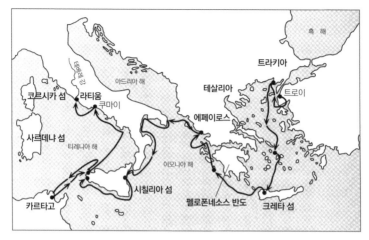

아이네아스의 항해 경로(베르길리우스의 설에 따름)

스의 『일리아스』와 아우구스투스 시대에 활약한 시인 베르 길리우스(기원전 19년 사망)의 『아이네이스』에 상세하게 기록되어 있으니 꼭 읽어보시기 바랍니다.

평화의 제단에 새겨진 의식에 나타난 것처럼 아이네아스의 아들 율루스는 희고 긴 마을 알바 롱가를 건설하여 수도를 옮깁니다. 그곳에서 오래도록 번성했지만 이윽고 왕녀 레아 실비아가 음흉한 숙부의 계략에 빠져 왕궁에서 추방당합니다. 너무 지쳐 강가에서 잠든 그녀를 본 군신 마르스는 사랑에 빠졌고 레아는 쌍둥이 형제 로물루스와 레무스를 낳게 되었습니다. 이 사실을 알게 된 나쁜 숙부는 형제를 바구니에 넣어 테베레 강에 던져버렸습니다. 그러나 다행히도 바구니는 무화과나무 가지에 걸려 강변에 닿았고, 두 형제는 암늑대의 젖을 먹고 자라납니다. 그 정경을 군신 마르스와 양치기가 바라보고 있는 모습도 '평화의 제단'에 나타나 있습니다.

성장하여 자신들의 출신을 알게 된 형제는 알바 롱가를 공격하여 어머니의 복수를 합니다. 그들은 그대로 알바 롱가를 지배할 수도 있었지만 그곳은 할아버지에게 맡기고 자신들은 새로운 도시를 건설하기로 결심합니다. 그 장소는 암늑대가 형제를 거두었던 행운의 테베레 강 왼쪽 기슭, 일곱 개의 언덕이 모여 있는 곳이었습니다. 레무스는 일곱 개의 언덕 중 강변에 가깝고 게다가 방어하기에도 적합한 팔라티누스 언덕을 선택했습니다(일곱 개의 언덕에 대해서는 책 서두의 지도 참조). 그러나 하나의 도시에 두 명의 지배자가 있을 수는 없었습니다. 결국 레무스를 죽인 로물루스가 왕이 되었고 그의 이름을 따서 이 도시를 로마라고 부르게 되었습니다. 나중에 로마 제국의 수도가 되는 로마의 건립은 기원전 753년에 이루어졌습니다.

왕정 시대의 로마

로마의 왕이 된 로물루스는 새로운 도시를 융성시키기 위해 다양한 방법을 궁리했습니다. 그중에서도 도시의 인구를 늘려 국력을 키우려고 로마 주변의 주민들을 로마로 이주하도록 장려한 것은 꽤 성공적이었습니다. 그러나 이주해온 주민들의 대부분이 남성이었기 때문에 여성의 수가 너무 적었습니다. 로물루스는 이 상황을 개선하려고 한 가지 계책을 내놓았습니다. 로마에서 가까운 테베레강 일대의 구릉지대에 사는 사비니인들을 초대하여 남자들이 구경에 열중하고 있는 틈을 타서 사비니 여인들을 약탈하는 것이었습니다. 물론 로마인과 사비니인 사이에 격렬한 전투가 벌어졌고 좀처럼 승패가 가려지지 않았습니다. 그때 로마에 끌려간 사비니 여인들이 그들 사이에 들어가 "어느 쪽이 이기든 우리가 불행해지는 것은 마찬가지입니다. 사비니인이 이기면 남편을 잃게 되고 로마인이 이기면 친형제를 잃게 됩니다"라고 호소하여 전투가 멈추었습니다. 로마인의 왕 로물루스와 사비니인의 왕 타티우스는 로마를 함께 통치하게 되었습니다. 이때부터 로마에 라틴계 주민과 사비니계 주민이 함께 살게 되었습니다.

　로물루스가 죽은 후 세 명의 왕이 즉위하면서 로마는 착실하게 영토를 넓히며 발전했습니다. 그런데 5대 왕으로 타르퀴니우스 프리스쿠스라는, 로마인도 사비니인도 아닌 에트루리아 출신의 남자가 즉위합니다. 오늘날의 토스카나 지방에서 테베레 강 오른쪽 기슭까지를 지배했던 에트루리아는 일찍이 그리스와 교역하면서 번영하여 이탈리아 반도에서는 가장 풍요로운 지역이었습니다. 타르퀴니우스 프리스쿠스는 그리스의 코린토스에서 에트루리아의 도시 타르퀴니아로 망명한 귀족과 타르퀴니아 귀족의 딸 사이에서 태어나 그리스와 에트루리아 두 지역의 선진 문화를 로마에 전달하는 역할을 맡았다고 할 수 있습니다. 그는 팔라티누스 언덕과 카피톨리누스 언덕으로 둘러싸인 늪지대를 간척하기 위해 배수로를 만들기도 했습니다. 그리고 이 늪지대를 나중에 포룸 로마눔(이탈리아어로 포로 로마노)

이라고 불리게 되는 광장으로 다시 만들었습니다. 아마 에트루리아에서 발달했던 토목 기술을 이용한 것일 테지요.

6대 왕 세르비우스 툴리우스도 에트루리아 출신으로, 여러 가지 건설 사업뿐 아니라 행정 제도의 정비에도 힘썼습니다. 카피톨리누스 언덕, 팔라티누스 언덕, 카일리우스 언덕 등을 둘러싼 성벽을 건설하고, 그 안을 네 개 행정 지구로 분할하여 이전보다도 조직적이고 효율적인 통치를 할 수 있도록 했습니다. 또 주민들을 몇 개의 그룹으로 나누어 전쟁을 앞두고 군대를 조직하는 데 이용할 수 있도록 했습니다.

7대 왕 타르퀴니우스 수페르부스는 영토 확대를 위한 전쟁을 계속하면서 세월을 보냈기 때문에 주민들의 반감을 사서 기원전 509년에 로마에서 추방됩니다. 그의 오만한 통치에 완전히 질려버린 로마인들은 통치 체제를 공화정으로 바꾸었고 이후 결코 왕을 다시 세우려 하지 않았습니다.

전해내려오는 이야기와 역사적 사실

현재 많은 고고학자는 트로이가 그리스에 의해 멸망된 것이 기원전 1184년경이라고 추정하고 있습니다. 멸망 직후 아이네아스가 트로이를 출발했을 때부터 로물루스가 로마를 건국하는 기원전 753년까지 431년이라는 세월이 흐릅니다. 이 431년 동안 아이네아스와 그의 자손이 어떤 도시를 건설하고 로물루스와 레무스가 어떻게 로마를 건국했는지에 대해서도 상세히 전해지고 있습니다. 그러나 로마인이 자신들의 역사를 기록하게 된 것은 기원전 3세기 말 이후입니다.

제2차 포에니 전쟁(기원전 218~201)이 한창일 때, 파비우스 픽토르라는 원로원 의원이 처음으로 트로이까지 거슬러올라가는 로마인의 기원과 그가 살던 시대까지의 사건을 정리하여 로마 역사를 기록했습니다. 로마 건국 무렵부터 헤아려도 500년 이상이 흘렀고 트로이가 멸망한 때로부터는 1천 년 가까이 지났습니다. 그리고 로마인이 자신들의 문자를 가지게 된 것은 기원전 6세기 중반의 일입니다. 그리스 문자를 본보기로 삼아 만들어진 에트루리아 문자를 손질하여 만든 것으로, 현재 영어 알파벳의 원형입니다.

즉, 기원전 3세기 말에 처음으로 로마의 역사를 기록하기 위해 파비우스 픽토르가 참조할 수 있었던 문자 자료는 기원전 6세기 후반의 것이었고 그 이전의 역사는 로마인 사이에 구전되어온 이야기밖에 없었습니다. 게다가 이 이야기는 구전되는 동안 다양한 각색이 더해지면서 그리스 신화의 재미있는 이야기도 곳곳에 삽입되었을 것입니다. 따라서 역사적 사실을 전하고 있는 부분도 있겠지만 대부분은 로마인이 좋아했던 옛날이야기라고 생각하면 될 것 같습니다. 로마가 건국된 시기도 로마의 역사가들 사이에서 100년 가까이 차이가 나기도 했는데 '기원전 753년'이 정설이 된 것은 기원전 1세기에 들어서면서부터입니다.

로마인이 기록한 그들 자신의 역사 가운데 고대에 관한 기록은 이야기 성격이 상당히 강한 것 같습니다. 그러니 고고학자들이 발굴한 물건 등에서 그 시대가 어떠했는지 다시 살펴볼 필요가 있습니다.

고고학으로 본 에트루리아와 로마

흔히 고대의 역사가가 쓴 책은 재판에서의 증언 같은 것이고, 고고학에 의해 발굴된 출토품은 재판에서의 물증 같은 것이라고 말합니다. 증언은 누가, 언제, 어떤 이유에서 어떤 식으로 행동하였는가를 여실히 말해줄 수 있는 한편, 증언하는 사람의 착각을 말하거나 사실을 곡해하는 경우도 있습니다. 이에 비해 물증은 그 자체로는 아무것도 발언하지 않지만, 사건의 상황을 확실하게 입증합니다. 물론 물증을 어떻게 해석하느나에 따라 상황 판단을 그르칠 수도 있으므로 물증과 물증 사이에 모순을 초래하지 않도록, 또 구체적 상황이 드러나도록 충분한 시간을 들여 신중하고 면밀하게 조사해야만 합니다.

제2차세계대전 이후 고고학의 조사 방법은 과학적 분석 등의 연구 기법을 받아들여 크게 발달했습니다. 특히 다양한 문화나 그 발전 단계를 보여주는 유물, 건축 양식 등이 땅속에 무수히 잠자고 있는 이탈리아 반도에서는 선사시대에서 고대에 이르기까지 여러 가지 사실이 해명되어왔습니다. 물론 그중에는 로마의 기원이나 왕정 시대의 역사도 포함되어 있지만, 로마뿐만 아니라 이탈리아 반도 전체를 조망하면서 훗날 로마로 발전하는 지역을 어떻게 자리매김할 것인지에 대한 연구도 진행되고 있습니다. 그러한 연구 중에서 로마에 특히 중요한 역할을 하는 것이 에트루리아와의 관계입니다.

기원전 9세기 초반부터 이탈리아 중부의 에트루리아 지방에는 초기 철기 문화인 빌라노바 문화가 보급됩니다. 언덕 위에 소규모 마을이 많이 들어섰고 마을 근처에는 뼈단지를 묻은 화장묘가 만들어졌습니다. 화장 풍습은 변하지 않았지만, 결국 대규모 마을로 발전한 몇 곳은 기원전 8세기 중반부터 철, 동, 은, 주석 등을 생산하게 되어 고도의 가공 기술을 이용한 금속 공예품이나 장신구가 만들어졌습니다.

풍부한 광물 자원에 매료된 그리스인이 교역을 위해 에트루리아를 자주 드나들게 된 것도 이때의 일입니다. 철기 시대에 접어들면서 무기나 농기구는 철로 만들게 되었지만 그 밖의 도구나 용기는 전적으로 가공하기 쉬운 청동으로 만들어졌습니다. 그런데 동과 주석의 합금인 청동을 만들기 위한 주석이 그리스에서는 나지 않습니다. 주석뿐 아니라 풍부한 생산량을 자랑하는 에트루리아의 철, 은, 백반(白礬) 등도 그리스인에게는 탐나는 것이었습니다.

기원전 8세기 중반, 그리스인은 나폴리 만 인근의 섬에 정착지를 건설하고 그곳을 기지로 삼아 에트루리아와의 교역을 추진했습니다. 그리스인이 에트루리아에 보낸 교역품은 도기나 공예품이었습니다. 그러나 에트루리아에 필요했던 것은 그런 교역품뿐만 아니라 그리스의 발달한 경작법이나 재배법, 그리고 음식 보존법 등이었습니다. 가령 보리 경작법에는 하나의 보리밭을 둘로 나누어 밀과 보리를 동시에 재배하는 방법이 있습니다. 보리의 수확은 밀만큼 날씨에 좌우되는 것이 아니기 때문에 일기가 좋지 못했던 해에도 최소한의 수확을 할 수 있었습니다. 또 그리스인은 올리브나 포도를 에트루리아에 가져와 재배했고,

보다 효율적인 올리브유 및 포도주 제조법도 알려주었습니다.

에트루리아 미술 강의 신 아켈로오스의 머리 부분을 나타낸 펜던트. (파리, 루브르 미술관)

풍부한 광물 자원을 가지고 이것을 수출함으로써 넉넉해지고 식료품 생산도 발달하면서 에트루리아는 기원전 7세기 초반부터 발전의 시대를 맞이합니다. 그리스인이나 페니키아인이 풍족한 에트루리아로 좀더 자주 건너오게 되었고, 시리아, 팔레스티나, 이집트 등 동방의 화려한 공예품과 장신구가 에트루리아에 전해졌습니다. 에트루리아에서 생산된 공예품이 동방에서 온 종려나무 잎 무늬나 연꽃 무늬 같은 식물 문양, 스핑크스나 그리핀 같은 괴수의 모습으로 장식하기도 했고, 부족을 이끄는 수장의 커다란 무덤에는 황금 장신구나 동방에서 온 화려한 공예품이 부장품으로 매장되었습니다.

호화로운 부장품을 묻은 무덤이 나타난 것은 에트루리아 사회가 지배하는 자와 지배당하는 자, 부유한 자와 그렇지 못한 자로 나뉘어, 소규모 마을을 이룬 채 빈부 격차가 거의 없는 사회에서 좀더 복잡한 구조를 가진 사회로 이행했음을 의미합니다. 이러한 이행기를 거쳐 에트루리아는 기원전 600년경부터 도시문화 시대로 접어듭니다.

기원전 7세기 말에 시작되는 에트루리아의 도시화에 의해 체르베테리, 타르퀴니아, 베툴로니아 등 티레니아 해 연안에 위치한 정착지는 단기간에 도시로 성장했습니다. 이들 도시는 티레니아 해의 해상권을 확보했기 때문에 그리스인이나 페니키아인과 교역할 때도 유리한 위치를 차지할 수 있었습니다. 그러한 입장을 교역 상대에게 내세우기도 해서 그랬는지 그리스인은 에트루리아인을 '티레니아 해의 해적'이라고 부르며 두려워할 정도였습니다.

도시화가 진행되고 경제적으로 번영하면서 에트루리아는 이탈리아 반도에서 가장 강한 세력으로 성장했고, 이들이 지배한 지역은 이탈리아 북동부 포 강 유역에서 남이탈리아의 캄파니아 지방까지 확대되었습니다. 그리고 이런 영역 확대 정책에 따라 갑자기 중요해진 곳이 로마였습니다.

에밀리아 지방의 푸마이올로 산에서 시작되는 테베레 강은 토스카나 지방, 움브리아 지방을 거쳐 라치오 지방을 횡단하는 총 길이 406킬로미터의 강으로, 수량이 풍부해서 초기 철기 시대부터 목재나 식량 수송에 이용되었습니다.

에트루리아, 라티움의 여러 도시 (괄호 안은 현재의 지명)

파이술라이(피에졸레)

아르노 강

아레티움
(아레초)

(코르토나)

볼라테라이
(볼테라)

페루시아(페루자)

에 트 루 리 아

포풀로니아

클루시움

베투로니아

움 브 리 아

볼시니이

불키

타르퀴니이
(타르퀴니아)

티 레 니 아 해

피데나이

베이이

프라이네스테
(팔레스트리나)

카이레
(체르베테리)

로마

아리키아

라비니움

아르데아

라 티 움

로마는 이 테베레 강에 면해 있을 뿐 아니라 강을 건너기 좋은 몇몇 지점 중에서 가장 조건이 좋은 지점에 위치하고 있었습니다. 강 한가운데에 있는 모래톱을 이용해 건너는 이 지점은 남이탈리아에 진출한 에트루리아 세력과의 연결을 강화하는 데도 중요한 장소였던 것입니다. 옛이야기에 전해오는 세 사람의 에트루리아계 왕이 로마를 지배한 것은 정치적으로나 군사적으로나 로마가 위치하는 지점이 에트루리아에 매우 중요해졌기 때문입니다.

이와 같이 고고학 자료라는 물증을 중심으로 에트루리아의 변화를 따라가보면 그 변화에 큰 영향을 받은 로마 왕정 시대의 모습이 어느 정도 구체적으로 다가올 거라고 생각합니다. 광업, 농업, 교역 등 모든 분야에서 무척 활기 넘쳤던 에트루리아는 그리스인과 접촉하면서 도시문화의 중요성을 재빨리 이해하고 도시화를 추진합니다. 로마는 이미 도시화를 경험한 에트루리아인에 의해 도시로 변신한 것입니다. 이러한 과정을 고려한다면 로마는 체르베테리나 타르퀴니아보다도 늦게 도시화가 시작된 에트루리아계 도시의 하나로 볼 수 있습니다.

에트루리아계 왕이 지배하기 전만 해도 로마는 라티움 지방에 흩어져 있던 마을에 지나지 않았다고 볼 수 있습니다. 고고학 자료에 따르면 이 마을이 팔라티누스 언덕에 세워진 것은 기원전 10세기부터 기원전 9세기에 걸쳐서였습니다. 로물루스가 기원전 8세기 중반에 로마를 세웠다는 이야기보다도 1세기 이상 전의 일입니다. 게다가 그 조금 뒤에는 비슷한 마을이 에스퀼리누스 언덕에도 출현합니다. 이것은 로마가 하나의 마을에서 발전하여 결국 도시가 된 것은 아님을 말해줍니다.

로마인에게 전해내려온 건국 이야기라는 증언과 고고학 자료인 물증 사이에 보이는 커다란 차이는 로마인이 품은 정치적 신념에서 기인한 것입니다. 하지만 건국 이야기에 '고대의 기억'이 포함되어 있다는 것도 충분히 염두에 두어야 하며, 따라서 오랜 시간이 걸리는 견실한 연구 성과를 기다릴 수밖에 없겠지요.

아직 제대로 밝혀지지 않은 사실이 수없이 많은 왕정 시대에 관해 증언과 물증이 일치하는 중요한 사실은 로마와 그 주변의 라티움 문화는 초기 단계부터 사비니 문화나 에트루리아 문화의 영향을 받았고, 복합적인 성격을 가진 이런 문화권에 로마가 초기 단계부터 속해 있었다는 것입니다. 라티움 문화는 빌라노바 문화와 밀접한 관계가 있었던 초기 철기 문화입니다. 그랬기 때문에 라티움 문화는 사비니 문화나 에트루리아 문화의 영향을 받을 준비가 되어 있었고 로마가 나중에 세력을 확대할 때 별다른 문화

충격 없이 사비니인이나 에트루리아인의 땅을 로마의 영토로 편입할 수 있었던 것입니다.

왕정의 종언과 공화정의 시작

로마의 역사가가 전하는 왕정 시대의 묘사에는 이야기의 요소가 많이 포함되어 있다고 생각합니다. 앞서 언급한 것처럼 문자가 사용되지 않았던 수백 년 전 시대를 기술해야 했기 때문에 어쩔 수 없는 일인지도 모릅니다. 로물루스의 성장에서 로마 건국까지의 이야기만 하더라도 지중해 세계에는 비슷한 줄거리의 전승이 여럿 있습니다. 그 이야기들을 참고하면서 유형화된 줄거리를 고대의 역사가가 로마에 맞게 만든 것에 지나지 않는다고도 할 수 있습니다. 그러므로 왕정 시대의 마지막 왕 타르퀴니우스 수페르부스에 관해서도 다소 의심해볼 필요가 있을지도 모릅니다. 왜냐하면 역대 일곱 왕 중에서 수페르부스를 제외한 여섯 왕은 나름대로 통치자에 어울리는 인물로 묘사되고 있지만 수페르부스는 악한 폭군으로 기록되어 있기 때문입니다. 그런 흉포한 왕이 다스렸기 때문에 양식 있는 사람들이 들고일어나 왕정을 타도하고 공화정을 수립했다고 로마의 역사가는 전하고 있는 것입니다.

이런 줄거리는 어디선가 들었던 것 같은 느낌이 듭니다. 많은 그리스 도시국가는 왕정에서 참주정으로, 참주정에서 민주정으로 변화한 역사를 가지고 있습니다. 이러한 그리스 정치 체제의 변화를 적용하여 수페르부스를 난폭한 참주, 즉 독재자라고 판단했을지도 모릅니다. 그리하여 왕정에서 공화정으로의 변화에 역사적 필연성을 덧붙이려고 했던 것은 아닐까요? 당시의 상황을 생각하면 그랬을 가능성은 충분합니다. 수페르부스가 로마에서 추방된 직후 에트루리아 도시 클루시움의 왕 라루스 포르센나가 로마를 공격합니다. 하지만 용감한 로마 시민의 활약과 그들의 영웅적 행위에 감동한 포르센나는 결국 군대를 철수하지 않을 수 없었다고 전해지고 있습니다.

이 이야기는 다음과 같이 생각할 수도 있습니다. 즉, 로마의 중요성을 충분히 인식하고 있었던 포르센나가 수페르부스 치하의 로마에 쳐들어가 수페르부스를 무찌르고 로마를 점령했으나 다른 전투가 벌어진 바람에 새로운 체제를 로마에 확립하기 전에 물러갔고, 로마 시민이 그로 인한 정치적 공백을 이용하여 공화정을 수립했다고 볼 수도 있습니다. 만약 그렇다면 로마 시민이 들고일어났기 때문이 아니라 외부 세력이 개입하여 왕정이 무너진 셈이 됩니다. 이 해석도 추측에 지나지 않지만 오늘날의 연구자들 사이에서 상당히 유력한 가설로 받아들여지고 있습니다.

공화정 시대의 사회 구조

정치 체제가 왕정에서 공화정으로 바뀐 것은 로마 사회가 하루아침에 달라진 것이 아니라 왕권이 천천히 약해지면서 생겨난 결과로 볼 수도 있습니다. 물론 최고 권력자로서의 왕은 없어지고, 그를 대신하여 콘술이라는 직책이 최고위 공직으로서 만들어졌습니다. '집정관'으로 번역되는 이 직책은 정원이 2명이고 민회의 선거로 귀족 중에서 선출되며 임기는 1년이었습니다.

집정관을 선출하는 민회는 백인조회(켄투리아 민회)라고 하는데, 켄투리아(백인대)라는 군대의 기초단위를 기반으로 구성되어 있었습니다. 전승에 따르면 모든 시민(시민권을 가진 성인 남자)은 각자의 재산에 따라 기사(귀족)와 보병으로 나누어지는데 기사는 18개의 켄투리아에 배속되었습니다. 보병은 재산에 따라 다시 다섯 계급(클라시스)으로 구분되어 중장 보병인 제1계급은 80개의 켄투리아로, 경장 보병인 제2, 제3, 제4계급은 각각 20개의 켄투리아로,

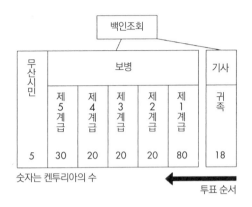

무산시민	보병					기사
	제5계급	제4계급	제3계급	제2계급	제1계급	귀족
5	30	20	20	20	80	18

숫자는 켄투리아의 수

투표 순서

공화정 시대 백인조회의 구조

그리고 제5계급은 30개의 켄투리아로 편제되었습니다. 이 밖에 다섯 계급에 들어갈 수 없는 무산시민에게 5개의 켄투리아가 할당되었습니다. 따라서 켄투리아는 총 193개가 됩니다.

집정관의 선출이나 전쟁 개시 등 중요한 사안에 대해서는 다수결을 원칙으로 했지만, 시민 한 사람 한 사람이 투표한 것이 아니라 하나의 켄투리아에 한 표가 할당되어 있었으므로 총 투표 수는 193표밖에 되지 않았습니다. 시민 한 사람 한 사람의 의견을 반영할 수는 없었지만 상당히 민주적인 제도처럼 보입니다. 그러나 실제로는 재산을 많이 가진 사람들의 의견이 우선시되는 교묘한 구조였습니다. 투표가 기사부터 시작되어 제1계급, 제2계급으로 재산이 많은 순으로 이루어지고, 과반수에 달하는 시점에서 끝났기 때문입니다. 기사 켄투리아 18표와 제1계급 켄투리아 80표에서 이미 98표로 과반수에 도달하므로 제2계급 이하의 투표는 사실상 할 필요가 없었던 것입니다.

이러한 제도와 구조는 이미 6대 왕 세르비우스 툴리우스 때 완성되었다고 로마의 역사가는 기록하고 있습니다. 원래 군대의 지휘자를 선출하는 것이 목적인 제도였기 때문에 그때 완성되었을 가능성은 충분합니다. 그러나 기사를 제외한 시민을 다섯 계급과 무산시민이라는 여섯 그룹으로 나눌 수 있을 만큼 왕정 시대에 빈부 격차가 심해져 있었다고 보기는 힘듭니다. 소유하는 농지에 다소 차이가 난다고 해도 거의 대부분이 농민이었기 때문입니다. 이 때문에 백인조회 같은 결정기관이 왕정 시대에 생겨났을 가능성은 충분하지만 그때는 훨씬 단순한 구조였을 것이고, 공화정 시대에 들어서서 193개의 켄투리아로 이루어진 백인조회로 변화했다고 생각됩니다.

군 지휘자 선출을 목적으로 하여 설치된 백인조회는 군사 활동의 일환으로 여겨졌기 때문에 공화정 시대가 되었어도 시가지의 경계(포메리움) 밖에서 개최되었습니다. 군 지휘권을 행사할 수 있는 공직자, 즉 집정관을 비롯해

I. 로마 제국이 탄생하기까지

41

서 법무관이나 감찰관을 선출하고 사법도 담당하고 있었지만, 법률 제정은 또하나의 민회인 트리부스회에서도 이루어졌습니다.

트리부스회는 혈연이 중심이 되는 부족 또는 지구(地區)를 가리키는 트리부스가 기본 단위였습니다. 로마는 왕정 시대에 4개의 트리부스로 분할되어 있었는데, 공화정 시대인 기원전 495년경까지 17개의 트리부스가 늘어나 총 21개가 되었습니다. 원래 있었던 4개의 트리부스는 도시 트리부스라고 하고, 새로 늘어난 17개의 트리부스는 농촌 트리부스라고 했습니다. 그리고 인구가 증가하면서 농촌 트리부스가 더 늘어나 기원전 241년에는 총 35개의 트리부스가 되었습니다. 물론 이후에도 로마의 영토는 더욱 확대되어 새로 로마 시민권을 부여받은 사람의 수도 늘어났습니다. 그들은 어딘가의 트리부스에 소속되어야만 했는데, 거주지가 어디인가와는 별도로 기존의 트리부스에 편입되어 제정 시대에 들어서도 35개 트리부스의 수가 늘어나는 일은 없었습니다.

인구조사나 재산조사에 따른 징병이나 과세는 트리부스별로 이루어졌고, 트리부스를 기반으로 하는 평민회에서의 투표도 트리부스별로 실시되었습니다. 일찍부터 트리부스의 수가 홀수로 정해진 것은 찬성표와 반대표가 같은 수가 되지 않게끔 하기 위해서였습니다. 평민회에서의 결정은 플레브스라고 하는 평민에게만 유효했고 귀족계급 사람들을 포함한 전 시민에 대해 구속력을 가지게 되는 것은 호르텐시우스법이 제정된 기원전 287년 이후의 일이었습니다.

기원전 5세기의 로마는 이탈리아 반도에 흩어져 있었던 여러 도시국가 가운데 하나였을 뿐이고, 지배하는 영토도 로마 시의 영역과 그 주변에 지나지 않았습니다. 이 영토를 트리부스라는 기본 단위로 평면적으로 분할하고 각 트리부스 내의 결속을 강화했는데, 이는 로마라는 공동체의 강화로 이어졌고 정책 추진에도 큰 효과가 있었습니다. 한편 트리부스별로 켄수스라고 하는 인구조사가 이루어졌는데 이는 징병과 과세를 하기 위함이었습니다. 그리고 이 켄수스에 근거하여 기사나 보병 켄투리아가 조직되었습니다. 즉, 군대는 수평적이면서 지연에 바탕을 둔 트리부스라는 견고한 제도를 전제로 한 수직적 조직이고, 백인조회를 통해 유산자 계층의 이익을 보증하는 구조였습니다. 이 수평성과 수직성을 정교하게 조합한 사회 구조는 기원전 5세기 말에는 거의 완성되었는데, 그 기원은 왕정 시대에 세르비우스 툴리우스가 통치하던 시기까지 거슬러올라갈 수 있습니다. 그러므로 왕정 시대에서 공화정 시대로의 이행은 '완만한 변화'로 볼 수 있습니다.

원로원 공화정으로 이행한 기원전 5세기에 최고 의결기관은 민회였고 최고 자문 기관은 원로원이었는데 집정관 등 공직자에 대한 조언이 주된 임무였습니다. 그런 기능을 가진 조직이 이미 왕정 시대에 있었던 것은 확실합니다. 왕에게 조언할 수 있는 경험이 풍부한 사람들로 구성된 원로회나 고문단 같은 성격을 띤 조직이었습니다. 거의 문자가 없는 시대였으므로 전승과 경험이 풍부한 원로들의 의견이나 생각이 귀중했다는 것은 충분히 상상할 수 있습니다. 그런 전통을 가진 원로원을 로마인은 세나투스라고 불렀습니다. 이 단어에는 고령자(세네스)라는 의미가 포함되어 있어서 '원로원'이라고 번역하는 것입니다.

공화정 시대가 시작될 무렵의 원로원은 300명 정도의 의원으로 구성되었는데 대부분 로마의 힘있는 가문 사람들이었습니다. 그들은 '아버지들'을 의미하는 '파트레스'라고 불리며, 그들의 자손은 '파트리키'라는 귀족 신분이 되었습니다. 임기는 종신이므로 누군가 사망하여 결원이 생기면 감찰관이 유력자들 중에서 신망이 두터운 인물을 선임했습니다. 평민이 선출되는 경우도 있었지만 파트리키의 아성과도 같은 원로원의 성격에 영향을 끼칠 정도는 아니었습니다.

백인조회가 선출한 집정관은 원로원 회의를 소집하거나 회의의 의제를 결정할 권한을 가지고 있었으므로 언뜻 원로원은 집정관 아래에 있는 자문기관처럼 보입니다. 그러나 공직자들이 임기 1년으로 차례차례 교체되었던 데 비해 종신제인 원로원 의원들은 오랜 기간 쌓아온 경험과 지식, 그리고 원로원 의원이 될 만한 권세와 신망을 갖추고 있었으므로 집정관이나 민회 이상의 권력을 획득해갔습니다. 또한 전쟁의 개시와 종결, 개선식의 승인, 조약 체결 등의 결정권을 쥐게 된 원로원은 공화정 시대 중반에는 로마의 실질적 최고 의결기관으로 기능하게 되었습니다.

백인조회를 실질적으로 지배하고 원로원을 근거지로 삼은 귀족과 귀족 이외의 시민, 즉 평민 사이에는 격렬한 권력투쟁이 일어나게 됩니다. 이 권력투쟁은 흔히 신분투쟁이라고 불립니다.

로마 최초의 성문법, '12표법'

공화정으로 이행한 로마는 여러 가지 어려움에 직면했고 경제도 침체되었습니다. 그러한 상황에서 평민들은 피폐해졌습니다. 병역이라는 무거운 부담이나 빚을 갚을 수 없으면 노예가 되어야 하는 가혹한 규정에 시달리던 평민은 로마에서 수 킬로미터 떨어진 성산(聖山)에 모여 농성하면서 나라에 대한 일체의 봉사 의무를 방기하는 행동에 나섰습니다. 그뿐 아니라 평민의 권리를 지키기 위해 새로운 직책을 스스로 제정하여 농성은 장기화될 조짐을 보였습니다. 당시 이민족의 침입에 시달리고 있던 로마는 평민을 복귀시켜 군대를 강화해야만 했기 때문에 그들의 요구를 받아들일 수밖에 없었습니다. 빚을 못 갚아서 노예가 된 사람들은 이전의 자유로운 신분으로 돌아가게 되었고, 평민이 자신들을 지키기 위해 제정한 직책도 호민관이라는 나라의 공직이 되었습니다.

이 농성으로 호민관직을 쟁취한 평민은 권리를 좀더 확대하기 위해 다시 로마를 떠나 농성을 시작합니다. 이 농성의 목적은 사회적 규범의 근간을 이루는 법을 성문법으로서 공개하게 하는 것이었습니다. 그때까지의 법은 귀족들이 독점하여 재판 기준도 명확하지 않았기 때문에 귀족들에게 유리한 판결이 자주 내려졌습니다.

정치적 평등을 쟁취하고자 하는 평민의 실력 행사 앞에서 귀족은 양보하지 않을 수 없었습니다. 그리하여 기원전 450년경, 그리스의 법을 참고해서 편찬한 법이 열두 장의 청동판에 새겨져 시민 생활의 중심인 포룸 로마눔 광장에서 공개되었습니다. 이것이 '12표법'으로 불리는 로마 최초의 성문법입니다.

이 법률의 내용은 재판 진행 방식, 채무 관계에 대한 규정, 가족에 대한 가부장의 절대적 권한, 개인 재산이나 상속에 대한 규정, 그리고 다양한 분쟁 처리 방법 등으로, 그때까지의 관습법을 확인하는 성격이 강했습니다. 평민의 요구로 제정된 법률이었음에도 평민의 권리를 적극적으로 보장하는 혁신적인 내용은 포함되지 않았습니다. 그러나 공포된 이 법률의 적용을 받는 귀족과 평민 사이에 큰 차이가 없어지고 재판 기준이 명시된 것은 평민의 입장에서는 커다란 진전이었습니다. 그리고 무엇보다도 큰 진전은 평민이 새로 획득한 권리를 성문법에 의해 구체적으로 확인할 수 있다는 사실이었습니다. 그 전형적인 예가 귀족과 평민 사이의 결혼에 관한 조항입니다.

12표법에는 귀족과 평민의 결혼을 인정할 수 없다는 조항이 들어 있었습니다. 신분차별을 더욱 명확히 한 조항이었습니다. 그러나 12표법이 공개되고 나서 불과 5년 뒤에 귀족과 평민의 결혼을 합법화하는 개정이 이루어졌습니다. 이렇게 평민은 하나씩 착실하게 권리를 획득해갔습니다.

영토 확대와 사회의 변화

12표법의 제정과 그에 따른 여러 가지 개혁 가운데 '집정관 권한 군사호민관'이라는 새로운 공직을 신설한 것이 있습니다. 귀족밖에 취임할 수 없는 집정관직을 기득권으로 지키고 싶은 귀족이 평민에게 양보하여 설치한, 집정관의 권한을 가진 공직으로, 귀족도 평민도 취임할 수 있었습니다. 기원전 445년에 집정관 권한 군사호민관 제도가 생긴 이래 이 직책이 폐지되는 기원전 367년까지 집정관 권한 군사호민관을 선출하는 해에는 집정관을 선출하지 않았습니다. 또 집정관은 정원 2명이 유지되었지만 집정관 권한 군사호민관은 처음에 3명이었던 정원이 점차 증가하여 기원전 5세기 말에는 6명으로 늘어났습니다.

집정관 권한 군사호민관이라는 공직의 신설과 이들의 정원이 증가한 것은 당시 로마의 안팎 상황을 잘 말해줍니

베이이의 아폴로상(기원전 6세기 말, 로마, 빌라 줄리아 미술관)

다. 기원전 5세기 후반에 로마는 안전을 확보하는 동시에 영토를 확대하기 위해 먼저 약 10킬로미터 거리에 있던 라틴 도시 피데나이와 전쟁을 벌입니다. 이 전쟁을 하면서 로마에서 20킬로미터쯤 떨어져 있던 에트루리아의 요새도시 베이이를 견제할 필요가 있었습니다. 양쪽에 대한 군사적 압박을 유지하려면 당시 로마 사회가 직면한 문제였던 신분투쟁을 진정시키고 군사체제를 강화해야만 했습니다. 집정관 권한 군사호민관 제도를 만든 것은 이 두 가지 조건을 충족시키는 대응책이었던 것입니다.

피데나이와의 전쟁은 기원전 426년에 끝납니다. 그러나 베이이와의 전쟁은 매우 치열해서 전쟁이 시작되고 나서 10년 후인 기원전 396년에야 겨우 항복시킬 수 있었습니다. 이로써 타르퀴니우스 프리스쿠스가 왕이 된 이래 로마와 에트루리아의 관계가 처음으로 역전되었을 뿐 아니라 영토도 전쟁 이전과 비교하여 두 배 가까이 확대되었습니다. 로마는 이탈리아 반도에 퍼져 있던 많은 도시국가가 주시하는 강대한 세력으로 성장했습니다.

베이이 공략에 성공한 로마의 병사들은 베이이 신전에 바쳐진 공물과 신상(神像)을 약탈자로서가 아니라 숭배자로서 가지고 돌아옵니다. 아름다움을 존중하지 않고 좀더 큰 것, 좀더 필요한 것에 가치를 두었던 로마인도 에트루리아 미술의 걸작인 훌륭한 공물이나 신상을 접하면서 점차 미술을 이해하게 되었던 것이겠지요.

로마는 염원하던 에트루리아 지배에 최초의 쐐기를 박는 데 성공했지만 다음 난제가 기다리고 있었습니다. 알프스 너머 북이탈리아에 정착해 있던 켈트인은 기원전 400년경에 남하하기 시작하여 기원전 390년에(387년이라는 설도 있습니다) 로마를 함락시켰습니다. 다행히 켈트인은 로마를 점령할 생각은 없었기 때문에 금은보화만 챙겨서 로마를 떠났습니다.

로마는 이 패배에서 교훈을 얻어 '세르비우스 성벽'이라고 불리는 성벽을 건설했습니다. 이것은 6대 왕 세르비우스 툴리우스가 정한 4개 구(區)에 북쪽의 대지(臺地)와 아벤티누스 언덕을 포함한 영역을 둘러싸는 성벽으로, 총 길이가 11킬로미터에 달했습니다. 이 성벽이 둘러싼 면적은 426헥타르나 되어 당시 지중해 세계 최대의 도시인 아테

로마 시의 일곱 언덕 지도

로마 테르미니역 앞에 남아 있는 세르비우스 성벽의 일부
성벽의 이름 때문에 왕정 시대에 세르비우스 툴리우스가 건설했다는 인상을 주지만 실제로는 기원전 380년경에 세워졌다.

나이보다 훨씬 넓었습니다. 물론 그 안에는 많은 밭과 목초지가 있었으므로 명백히 전략적 목적에서 구축된 성벽이었습니다.

로마가 패배하면서 권위가 떨어지자 주변 도시와 민족들은 로마에 등을 돌리기 시작했습니다. 볼스키인처럼 이때를 틈타 다시 공격을 시도하는 민족도 있었습니다. 전쟁에 내몰린 평민이 과중한 부담에 허덕이면서 다시 신분 투쟁이 로마 사회를 뒤흔드는 문제로 부상하게 되었습니다. 이런 로마 사회 내부의 모순을 해결하기 위해 기원전 367년에 제정한 것이 리키니우스-섹스티우스법입니다. 대출 금리를 삭감하고, 사적으로 이용할 수 있는 공유지 면적을 1인당 500유게룸(약 125헥타르)까지로 제한하며, 집정관 중 한 명을 평민으로 선출하는 것 등을 규정한 법률입니다.

평민으로서는 염원하던 집정관 취임이 가능해진 법률이 만들어지면서 귀족과 평민의 타협으로 신설되었던 집정관 권한 군사호민관은 폐지되었습니다. 다만 공유지 점유 면적을 제한하여 부자들의 특권을 억누르고자 한 법률은 당시로서는 너무 면적이 넓어 실효성이 없었다거나 숫자가 잘못되었다고 추정하기도 합니다. 그러나 영토가 크게 확대되었기 때문에 유효한 제한이라고 생각하는 학자도 있습니다. 어쨌든 리키니우스-섹스티우스법이 제정되면서 실현된 귀족과 평민의 화해 및 협조를 기념한 콘코르디아(일치와 화합, 조화를 상징하는 신)를 모시는 신전이 카피톨리누스 언덕 아래에 건립되었다고 전해지고 있습니다.

내부 문제를 해결한 로마는 군사력과 탁월한 정치력을 이용하여 중부 이탈리아에서 남부 이탈리아에 걸쳐 우위를 확립합니다. 그 과정에서 중요했던 사건이 카르타고와의 조약 체결(기원전 348)과 제1차 삼니움 전쟁에서의 실질적 승리(기원전 341)였습니다.

카르타고와의 조약 체결은 당시 해상권을 쥐고 있던

강국 카르타고의 위협을 미리 막고, 로마가 이탈리아 반도에서의 세력 다툼에 전념할 수 있는 상황을 만드는 데 중요한 의미가 있었습니다.

티레니아 해로부터의 위협을 막은 로마는 산악지대에 사는 삼니움인의 공격을 받고 있던 남이탈리아의 대도시 카푸아의 요청을 받고 캄파니아 지방에 군대를 파견하여 삼니움 전쟁을 시작했습니다. 당시로서는 짧은 3년간의 전쟁에서 실질적 승리를 거머쥔 로마는 이탈리아 반도에서 가장 비옥한 땅이자 인적 자원이 풍부한 캄파니아 지방을 지배하게 됩니다.

제1차 삼니움 전쟁에서 얻은 것은 토지와 인적 자원뿐만이 아닙니다. 이 전쟁에서 로마는 처음으로 전쟁 상태에 있는 동맹도시 혹은 동맹국의 지원 요청에 응해 공통의 적에 맞서고, 전쟁에서 승리한 뒤에는 그 지역을 실질적으로 지배한다는 귀중한 경험을 얻습니다. 이 경험을 토대로 로마는 전쟁 당사자로부터의 지원 요청이라는, 전쟁을 시작할 대의명분을 얻은 다음 승리 후 영토 확대라는 방식을 확립하여 그후 많은 전쟁에 이를 적용했습니다.

라틴 동맹 이탈리아 중부의 티레니아 해에 면한 지역, 특히 테베레 강 남쪽에 펼쳐진 평야와 구릉지대가 라티움 지방인데 그곳에 사는 라틴어를 말하는 사람들은 라틴인이라고 불리고 있었습니다. 로마는 그 지방의 일부이고 로마인은 라틴인의 일파였습니다. 라틴인은 같은 언어를 말할 뿐 아니라 '평화의 제단'에 나와 있는 라비니움의 페나테스나 로마의 디아나를 공통의 신으로 믿고 있었습니다. 사는 곳이 달라도 같은 라틴인이라면 결혼도 자유로웠고, 이미 시민권을 가진 라틴인은 다른 도시로 이주해도 완전한 시민권이 보장되어 있었습니다. 또 라틴인 도시가 외적의 침입을 받으면 다른 도시는 그 능력에 걸맞은 병사를 보내 맞섰습니다. 이렇게 언어와 종교가 같고 권리와 의무를 공유하는 집단을 라틴 동맹이라고 불렀습니다.

로마는 티부르(현재의 티볼리)나 프라이네스테(현재의 팔레스트리나)처럼 이 라틴 동맹의 일원이었습니다. 그러나 급속하게 영토를 확장하는 기원전 5세기 후반 이후 로마는 라틴 동맹의 실질적 맹주의 지위를 굳혀갑니다. 제1차 삼니움 전쟁으로 합병된 캄파니아 지방을 보면서 독립이 위협받는다고 느낀 라틴 동맹의 여러 도시는 단결하여 로마에 전쟁을 선포합니다(라틴 동맹 전쟁). 제1차 삼니움 전쟁이 끝난 뒤 얼마 지나지 않은 기원전 340년의 일입니다. 그러나 기원전 338년에 결국 로마의 승리로 끝이 났고 로마는 라틴 동맹을 해체합니다. 그 대신 프라이네스테나 티부르 같은 유력 도시는 명목상의 독립이 용인되었고 라티움 지방에 사는 사람들에게는 라틴권이라는, 로마 시민권에 버금가는 권리가 주어졌습니다.

이러한 로마의 전쟁 뒤처리는 실로 교묘했습니다. 라틴 동맹의 해체는 로마 이외의 도시가 서로 단결하여 로마에 반기를 드는 길을 막아버리는 것이었습니다. 이는 한편으로 각각의 도시와 로마가 개별적으로 결합했음을 의미합니다. 이로써 로마는 각각의 도시를 지배할 수 있었고 '분할하여 통치하라'라는 지배 원칙을 실현했습니다. 삼니움 전쟁을 통해서는 동맹도시 혹은 동맹국의 합병 방식을, 그리고 라틴 동맹 전쟁을 통해서는 지배의 원칙을 확립했던 것입니다.

제2차, 제3차 삼니움 전쟁

제1차 삼니움 전쟁이 끝난 뒤 로마는 캄파니아 지방의 대부분과 라티움 지방 전체를 지배하게 되었고 또 그 주변으로 세력을 확장했습

로마의 이탈리아 반도 통일

▨ 기원전 298년경 로마의 세력권

▥ 기원전 264년경까지 로마가 새로 획득한 세력권

— 주요 가도

( )안은 현재 지명

니다. 방관하다가는 합병될지도 모른다는 위기감에 빠진 삼니움인은 다시 로마와 전쟁을 시작합니다. 이것이 제2차 삼니움 전쟁(기원전 327~304)입니다. 이 전쟁에서 로마군은 산악지형을 교묘하게 이용한 삼니움인의 게릴라 전법 때문에 여러 차례 궁지에 몰렸습니다. 20년이 넘는 공방 끝에 로마는 겨우 강화조약을 맺는 데 성공합니다.

그러나 평화로운 상태는 오래가지 않았습니다. 삼니움인은 로마에 맞서 독립을 지키기 위한 최후의 전쟁을 선포합니다. 이 제3차 삼니움 전쟁(기원전 298~290)에서도 북쪽의 에트루리아인과 켈트인을 설득하여 동맹군을 만든 삼니움인은 센티눔 전투에서 한때는 로마군을 전멸 위기에까지 몰아넣을 정도로 선전했지만 결국 로마는 삼니움인을 완전히 굴복시켰습니다. 삼니움인에게 협력한 북쪽의 여러 민족도 이윽고 로마에 합병되었습니다. 이탈리아 반도에서 로마의 압도적 패권이 확립된 것입니다.

제국주의와 그 배경

기원전 5세기 후반에서 제3차 삼니움 전쟁까지 약 150년 동안 로마는 도시국가에 불과한 소국에서 이탈리아 반도에서 으뜸가는 대국으로 급성장했습니다. 그동안 끊임없이 전쟁을 벌인 로마를 두고 훗날 로마 역사가들은 방어를 위한 전쟁이 거듭됨으로써 그런 일이 벌어진 것이지 결코 침략적 의도가 있었던 것은 아니라고 기술하고 있습니다. 과연 그럴까요?

기원전 5세기 후반부터 켈트인의 침공까지의 전쟁은 분명 방어를 위한 전쟁이라고 할 수 있습니다. 피데나이 및 베이이와의 전쟁은 먹느냐 먹히느냐 하는 것이었고, 이민족인 켈트인과의 전쟁은 바로 자국을 방어하기 위한 것이었습니다. 그러나 그후 일어난 전쟁들은 성격이 다릅니다. 제1차 삼니움 전쟁은 동맹관계인 도시 카푸아의 요청에 따라 병사를 출병한 것이었지만 전쟁 뒤처리를 살펴보면 캄파니아 지방을 얻고자 했던 로마의 의도가 분명히 드러납니다. 또 라틴 동맹 전쟁도 여러 동맹도시에 무리한 요구를 하여 로마에 반기를 들게 만들었다고 할 수 있습니다.

왜 로마는 집요하게 전쟁을 계속하여 탐욕스럽게 영토를 확장했던 것일까요? 여기서 로마 사회가 안고 있던 내부 문제와 구조를 살펴보겠습니다.

기원전 5세기부터 기원전 4세기까지의 로마 사회는 귀족과 평민의 다툼, 즉 신분투쟁으로 특징지을 수 있으며, 그 과정은 사회적·경제적 특권을 가진 귀족의 양보와 타협의 역사로 볼 수 있습니다. 이 양보와 타협의 과정에서 귀족의 특권만이 사라졌다고 할 수는 없습니다. 확실히 정치적 특권의 일부는 평민과 공유하게 되었지만 경제적 특권은 형태를 바꾸어 오히려 커져갔습니다. 그 증거가 앞서 말한 사적으로 이용할 수 있는 공유지 면적을 500유게룸(약 125헥타르)까지로 제한하는 리키니우스-섹스티우스법의 제정입니다. 이 숫자는 과장된 것일지도 모르지만 일부 사람들만 확대된 영토의 혜택을 누리게 되어 그러지 못한 사람들과의 격차가 커졌기 때문에 이렇게 법률로 제한했던 것입니다.

그렇다면 평민들은 확대된 영토의 혜택을 전혀 누리지 못했을까요? 귀족이나 부자들처럼 큰 혜택을 받지는 못했지만 확대된 영토의 변경 지역에 있는 새 토지를 취득하는 것은 가능했을 듯합니다.

그러나 그것이 새로운 문제를 일으켰습니다. 구릉지대나 산악지대에 접한 땅은 켈트인이나 삼니움인과의 경계 지역이었습니다. 유목생활을 하던 그들은 여름에는 고지대에서 가축과 함께 생활하고 겨울에는 저지대로 내려오는 생활을 반복했습니다. 그런데 저지대에 로마인이 진출하여 정착하기 시작하면서 당연히 마찰이 일어났고 결국은 전쟁으로 번지게 된 것입니다.

요컨대 로마 사회 안에서 가능한 한 원활하게 부를 재

분배하려면 한정된 부를 재분배하는 것이 아니라 새로 획득한 부를 나누는 확대재분배라는 방법이 필요했습니다. 그러지 않으면 로마 내부의 모순이 확대되어 신분투쟁이 더욱 격화됩니다. 이런 모순의 확대를 막기 위해서라도 새로운 영토가 필요했던 것입니다. 다만 새 영토를 획득하면 새로운 전쟁의 불씨가 생기는 구조이기도 했던 것이죠.

영토가 확대되면서 인구도 늘어났습니다. 그중에서 새로 로마 시민권을 획득한 사람들은 기존의 트리부스 혹은 신설된 농촌 트리부스에 소속됩니다. 기원전 387년부터 기원전 241년까지 14개 농촌 트리부스가 신설되었다는 것은 인구가 늘어나면서 국력도 늘어났다는 사실을 말해줍니다. 로마는 사회의 기본 구조를 바꾸지 않고도 영토와 인구의 증대에 대처할 수 있는 유연한 사회 구조를 가지고 있었던 것입니다.

이런 구조를 바탕으로 전쟁 수행을 사회적으로 지원하는 제도도 정비되었습니다. 전쟁 수행의 책임자인 집정관이나 장군은 정정당당히 전쟁에 승리하면 로마 시내에서 개선식을 거행하는 커다란 명예를 얻을 수 있었습니다. 이 제도는 로마 고유의 것은 아니고 에트루리아인으로부터 이어받은 것인데, 승전으로 얻는 명예를 로마 사회에서는 높이 사고 있었음이 확실합니다. 그리하여 기원전 4세기 후반부터는 그 명예를 기둥에 새겨 오래도록 기념하게 되었습니다. 또 전쟁에 참가한 일반 병사도 약탈품이나 전리품으로 이익을 얻는 경우가 종종 있었습니다. 이러한 것들은 승리할 확률이 높은 전쟁을 벌이는 동기의 하나라고도 할 수 있습니다.

수많은 전쟁을 잇따라 치르면서 로마는 착실하게 전쟁 경험을 축적하고 전술, 전법을 연마합니다. 제2차 삼니움 전쟁이 발발하기까지 로마군은 에트루리아인에게 배운 중장 보병 밀집대형을 만들어 전투에 임했습니다. 이것은 넓은 평야나 평원에서의 전투에는 효과적인 대형이었지만 기복이 심한 지형에서는 대열이 흐트러져 오히려 밀집대형의 약점을 드러냈습니다. 그리하여 중대 규모의 보병집단을 몇 개 만들고 보병집단의 전후좌우에 공백을 두어 전체적으로 빈곳과 밀집된 곳이 교차하여 바둑판 모양이 되는 대형을 조직했습니다. 이런 대형으로 어떤 지형에서도 유연하게 대처할 수 있게 된 것입니다. 분명 삼니움인의 대형에서 힌트를 얻어 이런 대형을 고안한 것 같습니다. 그리고 많은 전쟁을 경험하면서 로마군은 착실하게 전력을 향상시켜, 좀더 강대한 외적과도 대치할 수 있는 실력을 키워갔습니다.

여러 전쟁에서 승리하면서 국가의 발전을 확신하게

된 로마인은 더욱 발전하기 위해 사회 기반에도 눈을 돌립니다. 제2차 삼니움 전쟁이 한창이었을 때 감찰관과 집정관을 역임한 아피우스는 로마에서 동쪽으로 약 12킬로미터 떨어진 수원지로부터 총 길이 약 16킬로미터에 달하는, 지하에 매설된 아피아 수도를 건설하고 또 로마와 카푸아를 연결하는 가도를 건설합니다. 나중에 '가도의 여왕'이라고 불리게 되는 아피아 가도는 캄파니아 지방까지 종단하기 때문에 로마의 남하에 유리할 뿐 아니라 남쪽에서 북상하는 적에게도 유리하다는 위험이 있었습니다. 그런 위험이 따르는 가도를 건설하기로 한 것은 로마인에게 그만큼 적을 물리칠 수 있다는 확고한 자신감이 있었기 때문입니다.

포에니 전쟁

기원전 8세기 후반 이후 남부 이탈리아에는 그리스의 식민도시가 많이 건설되었습니다. 마그나 그라이키아라고 불리는 이 지역의 그리스 도시는 단독으로 로마에 전쟁을 선포할 정도의 병력은 없었지만 만약 동맹관계를 수립한 뒤 일치단결하여 로마에 반항하면 얕볼 수 없는 세력이 될 가능성이 있었습니다.

제3차 삼니움 전쟁이 끝난 후 로마가 그리스 도시에 개입할 기회를 엿보고 있었을 때, 투리이라는 그리스 도시가 삼니움인에게 공격을 받고 로마에 지원을 요청했습니다. 물론 로마는 좋은 기회로 여기고 파병을 결정합니다. 하지만 예상하지 못한 복병이 나타났습니다.

로마는 투리이를 지원하기 위해 이탈리아 남단에 로마군을 실은 함선을 파견합니다. 로마 함선의 출현에 위협을 느낀 그리스 도시 타렌툼은 그리스 본토에 지원을 요청했고 에페이로스 왕 피로스가 2만 5천 명의 병사와 20마리의 코끼리를 이끌고 달려갔습니다. 전술에 뛰어난 피로스는 신출귀몰하여 로마군을 농락했지만 전투는 기원전 275년에 결국 로마의 승리로 끝납니다. 피로스는 그리스로 되돌아가고 지원군에게 버림받은 타렌툼은 그후에도 필사적으로 저항을 계속했지만 기원전 272년에 함락되고 말았습니다.

이 피로스 전쟁은 로마로서는 새로운 형태의 전쟁이었습니다. 그때까지의 전쟁은 켈트인의 침공을 제외하면 모두 이탈리아 반도에 사는 민족들과의 전쟁이었고, 승리를 거두면 전쟁 상대가 지배하던 주민과 영토를 획득하는 단순한 것이었습니다. 그런데 피로스 전쟁에서는 적을 이탈리아 반도에서 내몰았고 적의 병력에 손실을 끼치기는

리시포스의 조각품 〈생각하는 헤라클레스〉
(로마 시대 복제품, 나폴리 고고학 박물관)

했지만 그 영토를 획득하지는 못했던 것입니다.

피로스 전쟁 이전의 전쟁은 승리하면 적의 영토와 재물을 획득하는 단순한 도식의 전쟁이었습니다. 이탈리아 반도 안에서 벌어진 한정된 전쟁이었다고 할 수 있습니다. 그러나 지중해 세계라는 당시 국제 사회에서 일어나는 전쟁은 그렇게 단순하지 않습니다. 로마는 복잡한 국제 관계 속에서 벌어지는 전쟁을 피로스와의 전쟁에서 처음 경험했던 것입니다.

남부 이탈리아에서 가장 번영했던 타렌툼에서 얻은 전리품에는 리시포스의 조각 등 훌륭한 그리스 미술품이 많았습니다. 로마 시민은 그 무렵부터 당시 지중해 세계에 널리 보급되어 있던 그리스 미술의 매력에 사로잡히게 됩니다. 문화 면에서도 국제 사회에 눈을 뜨기 시작한 것입니다.

피로스 전쟁 때까지 로마와 카르타고는 여러 차례 조

약을 체결하면서 충돌을 피하며 공존할 수 있었습니다. 크게 보아 이탈리아 반도는 로마이고 티레니아 해와 서지중해는 카르타고로 나눌 수 있는데, 시칠리아와 사르데냐는 카르타고가 지배하고 있었습니다. 피로스 전쟁에서 승리하면서 이탈리아 반도의 대부분을 지배하게 된 로마의 관심이 시칠리아로 향하게 된 것은 당연한 일이었습니다. 그러나 카르타고로서는 그러한 상황을 좌시하고만 있을 수는 없었습니다. 로마와 카르타고 사이에 긴장이 높아지고 있던 기원전 264년, 마침내 포에니 전쟁이 일어났습니다. '포에니'는 로마인이 카르타고인을 가리키는 말로서 포에니 전쟁이란 카르타고인 전쟁이라는 뜻입니다.

시칠리아 동북쪽 끝에 있던 도시 메사나(현재의 메시나)에 시라쿠사의 히에론 2세가 군사적 압력을 가하자 메사나는 카르타고와 로마 양쪽에 지원군을 요청하는 이해하기 어려운 행동으로 대응합니다. 로마의 파병은 이번에도 전쟁 당사자의 요청에 따른 것이었습니다.

전쟁 초기에는 한발 앞서 메사나에 부대를 파견한 카르타고가 우세했지만, 시라쿠사가 로마와 내통하면서 로마는 점차 열세를 만회합니다. 그리고 기원전 260년, 카르타고의 압도적인 해군에 대항하기 위해 로마는 비로소 본격적인 함대를 꾸려 시칠리아로 파견합니다. 인적 자원에서 뒤졌던 카르타고군에는 많은 용병이 포함되어 있었습니다. 본국에서는 용병들이 불순한 움직임을 보였기 때문에, 로마가 우세한 가운데 기원전 241년에 카르타고는 휴전을 받아들일 수밖에 없었습니다. 23년에 걸친 오랜 전쟁이었습니다. 그동안 전쟁은 주로 시칠리아에서 치러졌으므로 로마측의 피해는 적었고, 게다가 카르타고가 지배하고 있던 시칠리아를 손에 넣는 큰 성과까지 거두었습니다.

카르타고의 용장, 한니발

제1차 포에니 전쟁 후 로마의 공세로 사르데냐까지 잃은 카르타고는 그대로 있다가는 국가의 존속 자체가 위험해졌습니다. 힘과 힘의 대결이 필요할 때 국력의 회복은 긴급한 과제였습니다. 카르타고는 새로운 경제적·인적 자원을 획득하기 위해 이베리아 반도의 지배에 적극적으로 나섭니다. 이베리아 반도는 풍부한 은광이 있는 지역으로서 시칠리아와 사르데냐를 잃은 손실을 메울 수 있는 신천지였습니다. 로마는 처음에는 카르타고의 이베리아 지배에 별로 신경쓰지 않았지만, 카르타고의 지배가 심화되고 이와 함께 카르타고 전체의 국력이 회복되면서 두번째 결전을 피하기 어려운 상황이 되었습니다. 그때 로마와 동맹 관계인 이베리아 반도의 그리스 식민도시 사군툼을 카르타고의 젊은 장군 한니발이 급습합니다. 이리하여 제2차 포에니 전쟁(기원전 218~201)이 일어났습니다.

한니발이라고 여겨지는 흉상(카푸아, 시립박물관)

　　그러나 사군툼이 공격받았기에 전쟁을 시작했다는 것은 여느 때와 마찬가지로 로마의 체면을 세우기 위한 구실이라고 생각하는 편이 적절할 것입니다. 해상권을 장악하고 있던 로마는 다가올 카르타고와의 전쟁에서 실제로 싸울 전쟁터를 자유롭게 선택할 수 있는 우세한 입장에 있었습니다. 따라서 전쟁이 시작되기 전부터 로마는 이탈리아 반도에서의 전투를 피하기 위해 이베리아 반도뿐 아니라 시칠리아나 북아프리카에도 군대를 파견하여 카르타고를 도발했습니다. 한편 카르타고가 승리할 유일한 가능성은 이탈리아 반도로 진군하여 로마와 동맹 관계에 있는 도시나 민족을 끌어들여 그들과 함께 싸우는 것이었습니다.

이 최후의 가능성을 얻기 위해 한니발은 전투 코끼리를 이끌고 알프스를 넘어 이탈리아 반도로 침입하는 작전을 세웠습니다. 의표를 찌르는 한니발의 출현에 공포를 느낀 로마군은 첫 2년간 그의 빠른 진격을 저지할 수 없었습니다. 특히 칸나이 전투에서는 한니발의 이름을 영원히 남길 만큼 로마군은 크게 패했습니다. 중장 보병 5만 5천 명, 경장 보병 1만 5천 명, 기병 6천 명인 로마군에 비해 카르타고군은 중장 보병 3만 명, 경장 보병 1만 명, 기병 1만 명 규모였습니다. 그러나 카르타고군은 유일하게 우세했던 기병으로 로마군의 좌우와 배후를 타격하여 로마의 대군을 거의 전멸시킬 정도로 큰 전과를 올렸습니다. 이 전투의 결과, 남부 이탈리아에 있던 거의 모든 도시가 카르타고 쪽에 붙게 됩니다.

빠른 진격을 계속했다고는 해도 한니발은 커다란 문제를 안고 있었습니다. 켈트인이나 삼니움인이 카르타고 편이 되었지만 현지에서의 징병은 기대한 만큼 잘 진행되지 않았습니다. 본국으로부터의 보급이 어려워 물자가 부족했던 한니발군에 비해 장기전에 돌입한 로마는 군대를 재편하여 반격을 개시합니다. 먼저 한니발의 본거지인 이베리아 반도를 습격하고 이어서 북아프리카의 카르타고를 공격하는 대담한 작전을 펼쳤습니다. 한니발은 이탈리아

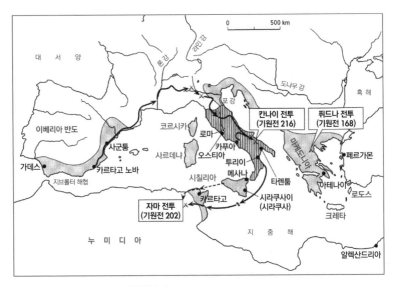

포에니 전쟁 · 마케도니아 전쟁 관련 지도

▨ 제1차 포에니 전쟁 이전의 로마 세력권

▨ 제3차 포에니 전쟁 종결까지 로마가 획득한 세력권

← 한니발의 진격로(기원전 219~202)

◄- - 스키피오의 진격로(기원전 204~202)

반도에서의 작전을 단념하고 북아프리카로 철수했지만 결국 자마 전투에서 젊은 장군 스키피오가 이끄는 로마군에 패하여 제2차 포에니 전쟁은 기원전 201년에 끝납니다.

제2차 포에니 전쟁은 로마로서도 매우 힘든 전쟁이었습니다. 한니발의 교묘하고 대담한 전술에 여러 차례 궁지에 몰렸고, 이탈리아 반도 곳곳에서 벌어진 전투로 많은 경작지가 황폐해졌고, 농업 생산력은 눈에 띄게 약해졌습니다. 그래도 결국 로마의 승리로 끝난 것은 동맹 관계에 있던 여러 도시로부터 병사를 지원받아 인적 자원이 풍부했던데다 원로원이 탁월한 지도자를 잇따라 배출했기 때문입니다. 천재적인 장군이었던 한니발이라는 개인에 맞선 로마의 체제와 조직력이 거둔 승리라고 할 수 있습니다.

기원전 2세기의 역사가이자 로마를 칭송한 그리스인 폴뤼비오스는 이 시기의 로마에 대해 정치 체제가 분명하지 않다고 기술하고 있습니다. 집정관에 눈을 돌리면 군주정 같고, 원로원을 중심으로 보면 귀족정 같기도 하고, 민중에 주목하면 민주정처럼 보인다는 것입니다. 사회의 상황과 동향, 혹은 필요에 따라 어떤 체제로도 중심을 옮길 수 있는 로마의 유연성을 말한 것이겠지요.

동지중해로 기원전 197년, 로마가 카르타고의 지배하에 있던 이베리아 반도를 속주로 삼으면서 서지중해 일대는 로마의 체제에 편입되었습니다. 한편 동지중해 일대에는 이집트의 프톨레마이오스 왕조, 시리아를 중심으로 하는 셀레우코스 왕조, 거기에 마케도니아 왕국 등 알렉산드로스 대왕의 후계자들이 지배하는 나라들이 세력을 다투면서 영토를 둘러싼 분쟁이나 왕국 내에서의 정쟁이 자주 일어났습니다. 그러나 로마는 그런 분쟁이나 정쟁에 일정한 거리를 두고 적극적인 개입을 피했습니다. 서지중해 일대에서의 행동과는 대조적이라고도 할 수 있습니다. 역사가 깊고 문화 면에서도 훨씬 성숙했던 동지중해 일대의 복잡한 국제 관계에 일정한 거리를 두는 정책은 현명한 선택이었다고 할 수 있습니다. 그러한 동방 정책의 한 가지 예외는 아드리아 해를 사이에 두고 이탈리아 반도 맞은편에 거주하던 일뤼리아인을 군사적으로 압박한 것이었습니다. 이는 이탈리아 반도 전체를 지키기 위한 당연한 포석이었습니다.

하지만 제2차 포에니 전쟁 때 카르타고와 동맹 관계에 있었던 마케도니아가 로마에 반기를 들면서 제1차 마케도니아 전쟁(기원전 215~205)이 일어납니다. 칸나이 전투에서 대패한 로마는 대군을 조직할 여력이 없었지만, 마케도니아에 대립하는 그리스 도시국가를 규합하여 평화협정을 이끌어냈습니다. 강대해진 로마는 좋든 싫든 그리스 세계에 개입할 수밖에 없는 상황이 된 것입니다.

마케도니아와 셀레우코스 왕조의 제휴에 위협을 느낀 아테나이, 로도스, 페르가몬 왕국이 지원을 요청했을 때도 로마는 심각한 논의 끝에 파병을 결정했습니다. 이 제2차 마케도니아 전쟁(기원전 200~196)이 로마군의 우세에도 불구하고 평화조약 체결로 끝난 것은 전통적인 동방 정책이 폐기되지 않았기 때문입니다. 또한 동맹국의 요청에 따라 파병을 하는 전통은 아무리 먼 곳이라도 유효하다는 것을 국내외에 보여주었습니다.

제2차 마케도니아 전쟁이 실패로 끝났음에도 불구하고 로마는 군대를 늘리고 영토 확대에 집착한 셀레우코스 왕조에 맞서 다시 군대를 파견하여 기원전 188년, 아파메아(시리아 북부의 도시) 평화조약을 체결합니다. 평화조약이라고 해도 셀레우코스 왕조는 막대한 배상금을 지불해야 했고 군선도 10척밖에 가질 수 없게 되었습니다. 시리아 땅에 갇혀 장래의 가능성을 포기하는 굴욕적인 조약이었던 것입니다.

마케도니아도 로마에 다시금 도전했습니다. 그러나 전쟁이 일어난 지 3년째 되던 해에 벌어진 퓌드나 전투(기원전 168)에서 대패하여 왕국은 로마인에 의해 네 개의 공화국으로 분할되었다가 나중에 로마의 속주가 됩니다. 로마가 전통적인 동방 정책을 포기하고 적극적으로 동지중해 일대에 간섭하게 된 계기는 이 제3차 마케도니아 전쟁에서의 승리였습니다.

동지중해 일대에서의 전쟁으로 로마는 많은 성과를 거두었습니다. 거액의 배상금과 수만 명의 노예를 얻었고, 많은 그리스 도시에서 직접 세금을 징수하게 되었습니다. 이것은 그야말로 정복 전쟁이었고 파병에 든 군사비를 보충하기에 충분했습니다. 그래서 제3차 마케도니아 전쟁 이후에도 친마케도니아파를 제거한다는 구실로 정복 전쟁을 계속하여 큰 성과를 올렸습니다. 그러나 그 성공이 결국 로마 사회를 좀먹는 원인이 되기도 했습니다.

헬레니즘 문화의 영향

로마가 이베리아 반도에서 소아시아까지 지배하게 되면서 지중해 세계의 정치 지도는 크게 변했습니다. 그리고 로마 자체도 이즈음 크게 변화하고 있었습니다. 그러한 큰 변화 가운데 하나가 그리스 문화, 정확히는 당시 동지중해 일대에 스며들어 있던 헬레니즘 문화의 영향입니다.

그리스의 도시 아테네에 지금도 남아 있는 파르테논 신전은 인류가 공유하는 명건축물의 하나입니다. 정교하게 계산된 멋진 비례와 장엄하고 정밀한 아름다움은 현대의 우리에게도 커다란 감동을 주고 있습니다. 고대 그리스 문화를 상징하는 이 신전이 건립된 것은 기원전 5세기 후반, 아테나이가 가장 번영했을 때입니다. 에게 해를 지배하는 아테나이의 영광의 기념비라고도 할 수 있는 건축물입니다.

당시 그리스에서는 건축뿐 아니라 미술, 연극, 철학 등의 분야에서도 많은 천재가 등장하여 현대의 우리에게도 영향을 끼칠 정도로 높은 수준의 문화가 발달했습니다. 그러나 세련되고 수준이 높았기 때문에 당시의 그리스 문화를 이해할 수 있는 사람은 그리스인에 한정되었고, 또 그런 의미에서 그리스인의 민족문화였다고 할 수 있습니다. 하지만 펠로폰네소스 전쟁(기원전 431~404)을 계기로 그때까지 번영했던 도시국가가 약해지고 그리스인이 국가보다 개인의 생활에 관심을 가지게 되면서 문화의 세속화가 진행되어, 그리스 문화는 좀더 친근하고 이해하기 쉬운 것으로 변해갔습니다. 알렉산드로스 대왕이 등장하는 것은 그러한 문화 현상이 진행되고 있을 때의 일입니다.

(위)**신들**(포세이돈, 아폴론, 아르테미스)**을 묘사한 그리스 파르테논 신전의 부조** (아테네, 아크로폴리스 미술관)

(아래) **헬레니즘 시대의 노파 조각상** (로마 시대 복제품, 뮌헨, 국립고대미술관)

존엄한 아름다움을 중시한 그리스 미술은 헬레니즘 시대가 되자 추함이나 사람들의 일상을 표현하면서 세속화가 진행되었다. 이 세속화와 함께 그리스 미술은 다른 민족에게도 이해하기 쉬운 것으로 변화해갔다.

알렉산드로스 대왕이 활약하면서 중근동에까지 확장된 그리스 세계와 그 후계자들의 왕국에는 이집트인, 시리아인, 유대인, 페르시아인 등이 그리스인과 함께 생활하는 사회가 형성됩니다. 이 이민족 사회 속에 스며든 것이 친근하고 이해하기 쉬운 그리스 문화, 즉 헬레니즘 문화입니다. 이는 여러 왕국과 도시국가로 구성된 당시 동지중해 일대에 공통된 문화였습니다.

그리스나 소아시아로 원정을 간 로마의 장군과 병사들은 헬레니즘 문화를 직접 접촉하였고, 그들이 수도 로마로 가져온 전리품을 통해 로마 시민도 그 매력을 알게 되었습니다. 특히 제2차 포에니 전쟁에서 활약한 스키피오 일족이 중심이 된 그리스주의는 시민의 공감을 얻어 로마 사회에 널리 보급되었고, 헬레니즘 세계의 왕조 문화와 상인 귀족에게서 유래한 사치(룩수리아)가 새로운 가치관으로 정착되어갔습니다. 물론 꾸밈없고 강건한 로마의 전통을 중시한 대정치가 카토처럼 외래 문화를 엄격히 평가하는 이도 있었습니다. 그러나 기원전 2세기 전반의 대표적 시인 엔니우스가 은인인 카토를 떠나 스키피오의 비호를 받게 된 것은 그러한 사회 상황의 변화를 말해주는 상징적인 사건이었습니다.

또하나의 변화는 지중해 전역으로 확대된 통상권을

바탕으로 경제활동이 활발해진 것입니다. 경제활동이 활발해지면서 수도 로마뿐 아니라 이탈리아 반도의 바다에 면한 지방 도시들도 그 혜택을 보았습니다. 이들 도시는 동지중해 일대의 도시에 비해 경관이 볼품없었지만, 빛나는 헬레니즘 건축물이 세워지면서 점차 헬레니즘 도시처럼 경관이 변해갔습니다.

속주의 설치와 인재 육성

제1차 포에니 전쟁 이후 로마는 이탈리아 반도 밖에서 잇따라 새 영토를 획득합니다. 이런 영토를 확보하고 그 안전과 질서를 유지하기 위해 속주라는 행정 단위를 만들었습니다. 최초의 속주는 기원전 241년에 설치된 시칠리아이고, 기원전 227년에는 사르데냐와 코르시카가 속주가 되었습니다. 또 기원전 197년 이베리아 반도에 두 개의 속주가 설치되었습니다. 그로부터 약 50년이 지난 기원전 146년에는 기존의 마케도니아 왕국령과 카르타고의 영토가 각각 속주로 편입되었고, 기원전 129년에는 아나톨리아(소아시아)의 북서부가 속주 아시아로 바뀌었습니다.

속주를 통치하는 최고 책임자, 즉 속주 총독은 집정

관 다음가는 직책인 법무관 중에서 원로원이 임명했고, 부임할 속주는 추첨으로 결정했습니다. 속주 총독의 임기가 1년으로 정해진 것은 로마 전체를 통치하는 집정관의 임기 1년에 준한 것으로, 속주에서의 권한 또한 속주법 등에 의해 규정되어 있었다고는 해도 집정관의 권한과 거의 같았습니다. 이들은 전시에는 군대를 지휘하고 평시에는 재판을 담당하며 치안을 유지하는 책임을 맡았습니다. 즉, 로마 전체를 통치하는 공화정의 구조를 속주의 통치에도 적용했다고 할 수 있습니다.

　속주 총독은 부임할 때 속주의 재무 회계를 담당할 재무관과 부관들을 데려갔고, 부족한 인원은 로마와 우호관계에 있는 현지의 유력자 가운데서 등용했습니다. 한 나라에 상당하는 면적과 인구가 있는 속주의 군사·행정·사법·재무를 관할하는 것은 이후 로마 국정을 담당할 때도 귀중한 경험이 되었습니다. 그런 의미에서 속주 총독이라는 직책은 인재 육성 시스템의 하나로 볼 수 있으며 국정과 속주 통치는 규모는 달라도 극히 유사한 구조를 가지고 있었다고 볼 수 있습니다.

　그러나 징세 업무 같은 품이 많이 드는 성가신 일을 적은 인원만으로 하기는 어렵습니다. 그럼에도 원로원은 속주 총독에게 일정액의 세금을 거두어 올리도록 했습니다. 이 모순을 해결하기 위해 징세청부업자 제도가 만들어졌습니다. 징세청부업자는 경쟁 입찰을 하여 가장 높은 입찰액을 제시한 자가 속주 총독과 계약을 맺고 징세 대행권을 얻습니다. 물론 이들의 권한은 속주 시민이나 도시에 과도한 부담이 되지 않도록 속주법에 규정되어 있었습니다. 그렇지만 속주 총독과 결탁하면 규정액 이상으로 부당한 징세를 할 수도 있었습니다. 규정액과 실제 세수의 차액은 대부분 속주 총독 개인의 수입이 되므로 임기 1년이라는 짧은 기간에도 막대한 부를 얻을 수 있었지요.

그라쿠스 형제의 개혁

제2차 포에니 전쟁 이후 약 70년간 로마는 일찍이 없던 번영의 시대를 맞이했습니다. 그러나 한편으로 로마 사회를 좀먹는 폐단도 점차 확대되고 있었습니다.

지중해 일대 곳곳에서 거듭 벌어진 전쟁에 병사로 차출된 인원은 소규모 토지를 소유한 자영농이었습니다. 그들은 전투에 필요한 무기를 스스로 조달했을 뿐 아니라, 전쟁에 나갔을 때는 일시적이긴 해도 경작지를 방치할 수밖에 없었습니다. 게다가 전쟁이 그리스나 소아시아, 북아프리카처럼 로마에서 멀리 떨어진 지역에서 더 많이 일어나고 출병 기간도 길어졌습니다. 그러면서 로마 번영의 상징인 영토 확대는 일반 병사들에게는 더 큰 부담을 강요하게 되었습니다. 그 결과 그들은 소유하고 있던 경작지를 부유한 토지 소유자들에게 팔아넘기고 무산계급으로 전락했습니다. 민병으로 편제된 로마군의 중심을 이루는 자영농의 다수가 무산시민으로 몰락함으로써 군복무 자격을 얻을 수 있을 만큼의 재산을 가진 농민을 확보하기 힘들어졌고, 이로 인해 로마군은 급속히 약화되기 시작합니다.

이처럼 로마군이 약해진 것은 로마 사회의 전체적인 구조 때문이라는 사실을 깊이 이해하고 근본적인 사회 개혁의 필요성을 제기한 인물이 그라쿠스 형제입니다. 형인 티베리우스는 기원전 133년에 호민관으로 취임하여 강력한 방법으로 농지 개혁을 추진했습니다. 개혁의 내용인즉, 공유지를 사적으로 이용할 수 있는 면적을 500유게룸(약 125헥타르)까지로 제한하고, 아이가 있는 경우에 한해서 1인당 250유게룸을 더 이용할 수 있도록 하여 최대 1천 유게룸으로 제한하는 것이었습니다. 만일 개혁이 실행되어 공유지가 좀더 많은 시민에게 재분배되었다면 자영농의 수도 다시 증가했을 것입니다. 하지만 너무나 급진적인 개혁이었기 때문에 그라쿠스 형제의 개혁은 실패로 끝납니다.

적절한 개혁 수단도 없는 상태에서 기원전 111년에 유구르타 전쟁이 발발합니다. 로마의 장단점을 잘 알고 있던 누미디아 왕국의 유구르타는 교묘하게 원로원 의원을 매수하여, 로마의 간섭을 피해가면서 야망을 실현하기 위해 힘을 기울였습니다. 이에 원로원도 군대를 파견하기로 결정합니다. 하지만 북아프리카에 파견된 병사들은 전투 의욕을 잃었고 전쟁은 교착 상태에 빠졌습니다. 그리고 북이탈리아까지 내려온 게르만인은 로마군을 물리치고 계속해서 남하했습니다. 게다가 갈리아 곳곳에서 켈트인이 봉기하여 아라우시오 전투에서는 게르만인이 8만 명의 로마 병사를 죽이는 사건까지 일어났습니다.

로마가 군사적·사회적으로 막다른 처지에 몰렸을 때 역사의 무대에 혜성처럼 등장한 이가 가이우스 마리우스(기원전 157~86)입니다. 과거에 집정관을 배출한 적이 있는 명문 귀족의 가계와는 달리 마리우스는 그의 집안에서 처음으로 집정관이 되었기 때문에 '신출내기'로서 차별을 감내해야 했던 시민이었습니다. 하지만 그는 유구르타 전쟁을 실질적으로 종결시키고 게르만인을 저지했으며, 켈트인에 대한 반격도 성공시켰습니다.

약해진 로마군을 재건하면서 마리우스는 그라쿠스 형

제처럼 사회 구조 자체를 개혁하려고 하지는 않았습니다. 빠른 효과와 현실성을 중시한 마리우스의 개혁은 무산시민을 지원병으로 만드는 것이었습니다. 지원병에게는 무기를 지급할 뿐 아니라 급여도 지불했으므로 무산시민으로서는 경제적 안정을 얻을 수 있는 직업이 된 셈입니다. 그뿐 아니라 제대 후에는 모시던 장군의 정치력에 따라 일정한 토지를 나누어 받기도 했습니다. 한편, 그들에게 여러 가지 편의를 제공하는 장군들은 국가가 아닌 자신들에게 충성을 맹세하는 부하를 거느리게 되어 그 무력을 바탕으로 자신의 정치력을 확대하고 정치 기반을 좀더 강화할 수 있었습니다. 그러나 지원병 제도는 어디까지나 군대를 강화하기 위한 것이었기 때문에 사회의 모순은 더욱 확대되었습니다. 그 전형적인 예가 장군의 보호하에 놓인 피호민 병사들이 사병이나 다름없어진 것입니다. 이로 인해 로마 사회 내부의 정치항쟁은 군사항쟁으로까지 발전하게 됩니다.

민중의 기대를 한몸에 받으며 집정관에까지 오른 마리우스의 활약에 심각한 위기감을 느낀 명문 귀족들은 원로원파라는 당파를 만들어 자신들의 기득권을 지키려 했습니다. 물론 마리우스는 민중의 지지를 무기로 평민파를 결성하여 원로원파에 대항합니다. 로마는 이 두 당파로 갈라져서 그뒤 100년 가까이 피투성이의 항쟁을 반복하게 됩니다.

술라와 폼페이우스

로마 사회가 혼란에 빠져들었을 즈음, 이탈리아 반도의 지방 도시에도 여러 가지 불만이 쌓여 있었습니다. 로마가 새로 획득한 토지의 재분배나 세금 혜택 등의 특권은 로마 시민권을 가진 사람만이 누릴 수 있었고, 지방 도시의 시민에게는 그런 권리가 없었습니다. 로마의 동맹시였던 많은 지방 도시는 서로 뭉쳐 시민권 확대를 위한 전쟁(동맹시 전쟁, 기원전 91~88)을 시작했습니다. 결국 로마는 이탈리아 반도에 사는 모든 자유민에게 로마 시민권을 부여한다고 양보하며 전쟁을 끝맺으려 했습니다. 이 전쟁은 로마가 일방적으로 양보하면서 끝난 것처럼 보이지만, 그뒤 로마가 이탈리아 반도 전체에 동등한 시민권을 가진 국민을 대거 거느린 영역 국가가 되었다는 점에서, 또 시민권을 가진 사람이 급격히 늘어나면서 로마의 민회가 최고 의결기관으로서 기능하지 않게 되었다는 점에서 로마 역사상 대단히 중요한 사건이었습니다.

마리우스의 부하였던 술라는 동맹시 전쟁 때부터 점차 힘을 길러 원로원파를 대표하는 유력자가 되어 평민파를 압도할 만큼 성장합니다. 그때 흑해 연안의 폰투스 왕국을 지배하던 미트리다테스 6세가 로마의 동방 영토를 공격했습니다. 로마의 속주가 된 이후 무거운 세금과 징세청부업자의 가혹한 수탈에 신음하고 있던 그리스인은 미트리다테스의 호소에 응하여 로마에 대한 오랜 한을 풀기 위해 소아시아의 에페소스에서 8만 명이나 되는 로마인과 이탈리아인을 학살했습니다.

미트리다테스 정벌을 위한 군 최고 지휘관을 누구로 정할지를 놓고 원로원파와 평민파 사이에 분쟁이 일어났지만, 술라는 무력으로 수도를 제압하고 마리우스로부터 전쟁 수행권을 되찾아 동방 정벌에 나섰습니다. 이 전투에서 눈부신 성과를 거둔 술라는 개선장군으로서 수도로 돌아와 기원전 82년에 종신 독재관으로 취임하여 정적을 철저하게 숙청합니다. 원로원의 강화와 공화정의 재건이라는 목적을 거의 실현한 술라는 독재관을 2년 남짓 맡다가 정계에서 완전히 은퇴했습니다.

술라가 죽은 이후 다시금 격렬해진 원로원파와 평민파의 싸움에서 대두한 이가 술라의 부하였던 원로원파의 폼페이우스입니다. 마리우스의 잔당을 히스파니아에서 무찌르고, 남이탈리아까지 들불처럼 확대된 노예 전쟁(스파르타쿠스의 반란)을 진압하는 한편, 로마를 괴롭히던 해적까지 모두 물리친 폼페이우스는 확고부동한 로마의 일인자가 되었습니다. 절대적 권력을 쥔 폼페이우스는 우유부단하고 방해만 될 뿐인 원로원을 점차 소외시키며 평민파를 가까이했습니다. 그러자 원로원도 권력자 폼페이우스를 경계하기 시작했습니다.

카이사르

카이사르(기원전 100~44)가 태어난 때는 마리우스의 군제 개혁이 실행되면서 로마군이 지난날의 명성을 대외적으로 점차 되찾아가던 시대였습니다. 게다가 카이사르는 로마의 유서 깊은 귀족 가문의 후손이었지만 고모 율리아는 마리우스의 아내였습니다. 즉, 그는 격렬하게 대립하는 두 세력인 원로원파와 평민파 양쪽에 발을 걸친, 말하자면 출생부터가 혼란한 시대의 아들이었던 것입니다.

그 고모가 사망하자(기원전 69년경) 장례를 도맡은 카이사르는 자신을 마리우스의 후계자로서 사람들에게 인식시키는 데 성공합니다. 그리고 폼페이우스가 원로원파에서 평민파로 변절한 것은 카이사르가 기뻐할 만한 일이었

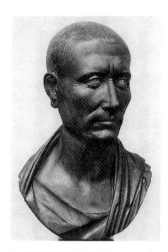
카이사르의 흉상(베를린, 국립미술관)

습니다. 그런 상황에서 권력자 폼페이우스와 젊은 야심가 카이사르가 가까워지는 것은 당연한 흐름이었습니다. 카이사르는 딸 율리아를 폼페이우스에게 시집보내서 좀더 원만한 관계를 맺었을 뿐 아니라, 대부호 크라수스와 손잡고 세 사람이 이끄는 정치 체제를 구축하는 데 성공합니다. 이것이 이른바 제1차 삼두정치입니다.

그러나 카이사르의 실력과 인기가 높아지면서 폼페이우스와의 관계에 금이 가기 시작했습니다. 특히 집정관을 지낸 이듬해인 기원전 58년부터 시작된 갈리아 원정이 전략가로서의 카이사르의 명성을 확고하게 만들면서 폼페이우스와의 관계는 돌이킬 수 없어졌습니다. 게다가 기원전 54년에는 폼페이우스에게 시집보낸 율리아가 죽고, 이듬해에는 크라수스가 파르티아와의 전투에서 목숨을 잃었습니다. 수도 로마를 비운 사이에 카이사르의 정치 기반인 삼두정치 체제가 맥없이 무너진 것입니다. 7년이라는 오랜 기간에 걸친 갈리아 원정은 명저로 이름 높은 『갈리아 전기』에 상세하게 기록되어 있습니다. 간결하고 명쾌한 카이사르의 훌륭한 문장을 읽으면 냉정하고 침착하고 대담한 그의 인품을 잘 느낄 수 있습니다.

갈리아 지방을 완전히 정복한 카이사르의 앞에는 삼두정치 체제가 무너진 것 이상으로 심각한 문제가 놓여 있었습니다. 그것은 집정관에 취임했던 자는 만 10년이 지나지 않으면 다시 취임할 수 없다는 규정이었습니다. 카이사르는 기원전 48년 1월 1일에야 재취임할 수 있었지만 갈리아 통치권과 군 지휘권은 기원전 49년 3월 1일까지만 가질 수 있었습니다. 즉, 그뒤 열 달 동안에는 군대라는 방패막이도 없이 정적 앞에 무방비 상태로 있어야만 했습니다. 그런 상태에서 속주 통치에 대한 실태 조사를 받는다는 것은 정치 생명이 끝난다는 것을 의미했습니다. 물론 원로원도 그때가 오기를 호시탐탐 노리고 있었습니다. 카이사르가 취할 수 있는 선택지는 비상수단밖에 없었습니다.

기원전 49년 1월 12일 이른 아침, 카이사르는 군사를 이끌고 라벤나와 리미니 사이를 흐르는 루비콘 강을 건넙니다. 여름에는 물이 말라버리는 작은 강이었지만 이 루비콘 강이야말로 카이사르의 임지 갈리아와 이탈리아를 가르는 경계선이었습니다. 임지 안에 있는 한, 군을 이끌고 행동하는 것은 카이사르의 자유입니다. 그러나 임지를 벗어날 때 군을 동반하는 것은 대역죄로서 극형에 처해지게 됩니다. 그럼에도 카이사르는 군사를 이끌고 루비콘 강을 건넙니다. 그야말로 '주사위는 던져진' 것입니다.

그 소식에 수도는 극도의 혼란의 빠졌고, 폼페이우스와 많은 원로원 의원은 장병들을 그러모아 수도에서 빠져나갑니다. 카이사르는 폼페이우스를 쫓아 각지를 전전한 끝에 기원전 48년 6월, 그리스의 파르살로스에서 마침내 그를 쳐부숩니다. 끝없는 내란의 위험을 안고 붕괴의 경계에 서 있던 대국 로마가 카이사르의 결단과 패권에 의해 구출된 것입니다.

카이사르와의 결전으로 알거지나 다름없어진 폼페이우스는 알렉산드리아로 도망칩니다. 그곳에 주둔하던 로마군과 이집트군의 힘을 빌려 전선을 다시 세울 생각이었습니다. 그러나 카이사르가 알렉산드리아에서 발견한 것은 이미 암살된 노장의 시신이었습니다. 카이사르의 뛰어난 재능과 그의 딸 율리아를 사랑했고, 로마 시민의 신뢰를 한몸에 받은 폼페이우스의 무참한 모습에 카이사르는 눈물을 흘렸다고 합니다.

알렉산드리아에 1년 가까이 머물게 된 카이사르는 이집트를 클레오파트라에게 맡기기로 결심합니다. 정치 상황이 불안정한데 이집트를 로마의 속주로 지배하면 이집트의 부와 풍부한 농산물을 독점하는 속주 총독이 나타나 반란을 일으킬지도 몰랐기 때문입니다.

로마로 돌아온 카이사르는 쉴 틈도 없이 북아프리카와 히스파니아로 가서 폼페이우스의 잔당을 섬멸했습니다. 카이사르는 로마에 잠시 머물면서 많은 원로원 의원을 자기편으로 만드는 데 성공합니다. 술라처럼 정적을 숙청하는 것이 아니라 예전의 적을 관용으로 감싼 것이 효과를 발휘한 것입니다. 이는 뛰어난 천재 정치가였던 카이사르의 일면을 보여줍니다.

루비콘 강을 건넌 지 불과 4년 만에 카이사르는 로마 세계를 완전히 장악했습니다. 그라쿠스 형제의 개혁 이후로 80년 넘게 지속된 혼란의 시대는 드디어 막을 내리고 로마 시민은 새로운 시대, 새로운 체제를 카이사르에게 맡깁니다. 그런 기대가 있었기 때문에 카이사르는 기원전 46년에 10년 임기의 독재관에 취임했고, 그 2년 뒤인 기원전 44년에는 종신 독재관에 취임했습니다.

권력을 완전히 장악하는 데 성공한 카이사르는 초인적으로 움직였습니다. 독재관으로서 빠른 판단과 결정이 가능했기 때문입니다. 독재관으로 취임한 이후의 업적 가운데 율리우스력을 도입한 것은 역사에 남을 위대한 개혁이라고 평가할 수 있습니다. 옛날부터 로마인이 사용하고 있던 복잡한 구조의 음력은 계절에 맞지 않아 농사에까지 영향을 끼쳤습니다. 그래서 365일을 1년으로 하고 4년마다 하루를 더하는 태양력을 기원전 45년 1월 1일부터 채택했습니다. 채택에 앞서 기원전 46년 1년간은 일수를 45일이나 단축하는 대담하고도 어려운 결단을 내렸습니다. 어긋남이 적은 율리우스력은 그레고리우스력이 채택되는 16세기까지 유럽 사회의 시간을 지배했습니다.

역법의 개혁 외에도 빈민 구제 제도의 제정, 식민 활동 추진, 속주의 세제 개혁, 로마 시민권 부여의 확대 등 다양한 개혁과 사업에 착수했습니다. 그러나 100년 가까이 계속된 혼란과 내란의 가장 큰 원인은 공화정이라는 정치 체제에 있었고, 그것을 대신할 대국 로마에 어울리는 새로운 정치 체제 수립을 위한 개혁에는 손을 대지 못하고 있었습니다. 아마도 카이사르 스스로 공화정이 이미 과거의 유물이라는 것을 잘 알고 있으면서도 이를 대신할 새로운 체제를 구상하지 않았기 때문이겠지요. 유명무실해져 제 기능을 다하지 못하는 공화정을 살리는 유일한 방책은 카이사르에게 모든 권한과 명예를 집중시켜 그 권력과 권위를 바탕으로 대국을 통치하는 것이었습니다. 새로운 정치 체제에 대한 구상을 제시하지 않으면서 대국 통치를 위한

〈**카이사르 암살**〉 (빈첸초 카무치니, 18세기, 나폴리, 카포디몬테 미술관)

권력과 권위를 과시하는 카이사르에 대해 공화주의자들이 왕이 되려 한다는 의심을 품는 것도 어쩔 수 없는 상황이었습니다. 그들의 의혹은 결국 확신으로 바뀌었고 이윽고 실력 행사로까지 이어집니다.

기원전 44년 3월 15일, 원로원은 폼페이우스가 건설한 극장에 인접한 회랑을 택해 회의를 개최합니다. 회의장에 모습을 나타낸 카이사르를 브루투스와 카시우스 등 공화정파 쪽의 공모자 수십 명이 둘러싸고 단검으로 연달아 습격했습니다. 그중에서 아들처럼 애정을 쏟았던 브루투스를 알아보고 외친 "브루투스, 너마저!"라는 말은 너무나도 유명합니다.

제2차 삼두정치

카이사르를 암살한 공화정파 사람들은 카이사르의 죽음으로 공화정이 되살아나고 자유가 돌아올 것이라고 믿고 있었습니다. 그리고 많은 시민이 공화정과 자유의 깃발 아래로 달려올 것이라고 생각했습니다. 하지만 그들의 생각은 빗나가서 원로원도 로마 시민도 카이사르의 죽음을 애도하고 그들에게 암살자라는 낙인을 찍었습니다. 이런 상황에서 떠오른 이가 카이사르와 함께 집정관의 지위에 있었던 마르쿠스 안토니우스입니다. 오랫동안 카이사르를 따르면서 수많은 전쟁을 치른 장군 안토니우스는 자신이야말로 카이사르의 후계자로 가장 잘 어울린다고 생각했습니다. 그러나 생각지도 못한 복병이 나타납니다. 카이사르가 암살되었을 때 로마에 없었던 약관 18살의 옥타비아누스입니다.

카이사르는 유언으로 조카의 아들인 옥타비아누스를 양자로 삼아 후계자로 지명했습니다. 정치적으로나 군사적으로 아무런 공적도 없는 이 젊은이를 무시하고 있던 안토니우스는 얼마 지나지 않아 그가 얕보기 어려운 역량을 갖고 있음을 인정할 수밖에 없었습니다. 그러한 때에 카이사르의 측근이었던 레피두스의 주선으로 안토니우스, 옥타비아누스, 레피두스는 제2차 삼두정치를 시작하게 됩니다. 그리고 이듬해인 기원전 42년, 안토니우스와 옥타비아누스는 서로 손잡고 카이사르 암살자를 추격하여 마침내 마케도니아의 필리피에서 그들을 격파했습니다.

필리피 전투에서 반카이사르파가 소멸된 이후, 로마 세계의 패권을 둘러싼 항쟁은 안토니우스와 옥타비아누스 두 사람 사이에서 일어나게 되었습니다. 이집트를 중심으로 한 동지중해 세계는 안토니우스가, 이탈리아 및 서지중해는 옥타비아누스가 지배하는 구도가 지속되었습니다. 그러나 기원전 31년, 옥타비아누스가 악티움 해전에서 클레오파트라 · 안토니우스 연합 함대를 무찌르고 최종 승리를 거머쥐게 됩니다.

그로부터 4년 뒤인 기원전 27년, 옥타비아누스는 그간 세운 많은 공적 덕분에 원로원으로부터 '아우구스투스'라는 존칭을 받고 이후 아우구스투스라는 이름만으로 불리게 됩니다. 이제부터는 이 책에서도 아우구스투스라고 부르겠습니다.

II

로마 제국의
성립

아우구스투스의 시대

튀니지(옛 카르타고)의 로마 유적, 카피톨리움
유피테르 · 유노 · 미네르바를 모시는 신전.

**원수정
시대**

악티움 해전에서 패한 안토니우스는
이듬해(기원전 30) 알렉산드리아에서
자살했고 클레오파트라도 그 뒤를 따
랐습니다. 이집트를 300년 가까이 지배했던 프톨레마이오
스 왕조의 왕국은 멸망했습니다. 오랜 기간 축적된 왕가의
재물과 이집트의 풍부한 농산물은 카이사르의 유산과 함
께 아우구스투스가 정치 활동을 하는 데 귀중한 자산이 되
었습니다.

안토니우스와의 싸움에서는 승리했지만 오랜 혼란의
후유증은 곳곳에서 발견되었습니다. 경작지뿐만 아니라
사람들의 마음이 황폐해졌고, 모시던 장군을 잃은 옛 병사

들이 도시로 흘러들었으며, 전쟁 비용을 조달하느라 과도한 부담을 강요받아 피폐해진 속주 등 어느 것 하나 쉽지 않은 상황이었습니다. 이런 것들은 시간을 들여 수습하는 수밖에 없었습니다. 이를 위해서라도 아우구스투스는 자신의 권력 기반을 군건히 하여 정치적 해결을 추진할 필요가 있었습니다.

아우구스투스는 카이사르 암살이 공화정을 부정하는 것처럼 보이는 독재관 정치 때문이었다는 사실을 잘 알고 있었습니다. 또한 권력이 집중되지 않으면 다시 혼란의 시대가 찾아오리라는 것도 충분히 알고 있었습니다. 이런 상반된 조건을 충족하기 위해서는 자신의 전제 정치를 공화정의 관례와 제도에 맞추어 숨기지 않으면 안 됩니다. 아우구스투스가 기원전 31년부터 기원전 23년까지 매년 집정관에 취임한 것은 그의 강력한 실권을 공화정의 공직 제도를 통해 은폐하기 위한 것이기도·했습니다. 게다가 결코 왕이 될 의지가 없다는 것을 표명하기 위해 자신은 단지 프린켑스(제일인자, 원수)일 뿐이라고 기회가 있을 때마다 선언했습니다.

프린켑스라는 명칭은 공화정 시대에 원로원 의원 명단의 첫머리에 기록되는 '원로원의 제일인자'라는 뜻으로 자주 사용되었고, 그 관례에 따라 기원전 28년 아우구스투

아우구스투스상(바티칸 미술관)

스에게 주어진, 아무런 권한도 없는 관례적 존칭에 지나지 않았습니다. 그래서 공식적인 비문이나 화폐에 이 존칭이 새겨진 적은 없습니다. 그러나 그뒤 '원로원의 제일인자'가 아니라 단순히 '제일인자'로 부르게 되면서 널리 로마 시민 전체의 제일인자라는 인상을 줄 수 있었습니다. 이것은 정치적 프로파간다의 중요성을 충분히 인식하고 있던 아우구스투스의 교묘한 활용법이며, 이 말을 아우구스투스 자신이 자주 사용했으므로 아우구스투스 체제를 원수정(프린키파투스)이라고 부르고 이 시대를 원수정 시대라고 합니다.

아우구스투스의 권력 기반

모든 사람들이 원수정이 정착되었다고 여기던 기원전 27년, "나는 이미 내란을 종결하고 모든 사람들의 합의를 얻어 전권을 장악하고 있지만 국가를 나의 권한으로부터 이양하여 원로원 및 로마 국민의 판단에 맡겼다"라고 아우구스투스는 기록하고 있습니다. 장악하고 있던 전권을 원로원에 반환하려고 한 것입니다. 겨우 안정되어가는 체제가 제도에 의한 것이 아니라 아우구스투스라는 개인의 힘에 의한 것임을 충분히 인식하고 있던 원로원은 이 신청을 받아들일 수 없었습니다. 아우구스투스 없이는 체제를 유지하기조차 어렵다는 것을 원로원에서 인정하지 않을 수 없었던 것입니다. 원로원의 이런 인식을 보면 로마는 실질적으로 전권을 장악한 원수, 즉 황제를 정점으로 하는 체제인 제정으로 이행해가고 있었음을 알 수 있습니다.

이때 원로원의 결정에 의해 아우구스투스는 집정관직의 유지는 물론이고 속주 총독으로서 갈리아, 히스파니아, 시리아 등 전체 속주의 절반에 해당하는 속주들의 명령권을 새로 획득했습니다. 남은 속주는 공화정의 제도에 따라 원로원이 뽑는 속주 총독에게 각각 속주 명령권이 주어졌습니다. 제국 전체의 속주가 황제 속주와 원로원 속주로 구분된 것입니다. 그리고 그 어디에도 속하지 않은 것이 이탈리아와 이집트였습니다. 이탈리아는 집정관이 직접 통치하는 직할지이고, 이집트는 아우구스투스 개인이 소유한 특별한 땅으로서 황제의 재산에 속했습니다.

황제와 원로원이 이렇게 속주 통치를 분담한 것은 아우구스투스에게도 원로원과 동등한 권한이 부여되었음을 보여줍니다. 게다가 원로원 속주에는 이미 평화가 확립되어 치안 유지를 위한 소수의 병력만 배치되고 대부분의 군대는 황제 속주에 주둔하고 있었습니다. 즉 아우구스투스는 사실상 로마 전군의 최고 지휘권을 장악하게 된 것입니다. 전권 반환을 신청한 이가 그 신청을 통해 이전의 권력 기반을 더욱 강화하는 아이로니컬한 결과로 끝난 셈입니다. 물론 이것이 그렇게 되리라 예상한 아우구스투스의 정치적 통찰력과 결단의 결과였다는 것은 말할 필요도 없겠지요.

원로원에서 이런 결정이 내려진 지 며칠 후, 그는 '존엄한 자'를 의미하는 '아우구스투스'라는 칭호를 부여받습니다. 권위를 의미하는 라틴어 '아욱토리타스'를 연상시키는, 모든 것을 초월하는 듯한 빛과 울림을 갖는 존칭입니다.

속주 통치를 원로원과 분담하기 위한 속주 총독으로서의 명령권과 실질적인 로마군 최고 지휘권 획득을 황제 권력 확립의 첫 단계로 본다면, 둘째 단계는 기원전 23년에 찾아옵니다. 태어나면서부터 병약했던 아우구스투스는 그해에 중병을 앓으면서 힘든 집정관직을 사퇴합니다. 물론 중병만이 사퇴의 이유는 아닙니다.

평화를 실현한 아우구스투스의 다음 사업은 로마 세계 전역에 안정된 체제를 확립하는 것이었습니다. 이를 위해서는 원로원의 협력이 반드시 필요했습니다. 행정 분야에서는 아직 원로원의 영향력이 컸기 때문입니다. 아우구스투스는 인내와 타협으로 원로원과의 협조에 힘을 쏟았습니다. 그러나 원로원 의원의 최종 목표인 최고위 공직, 즉 집정관을 기원전 31년 이래로 아우구스투스가 독점하고 있었기 때문에 의원들 사이에 불만이 커지고 있었습니다. 이런 상황을 잘 알고 있던 아우구스투스는 중병을 이유로 집정관직을 사퇴했습니다. 다만 집정관직을 사퇴하는 대신 아우구스투스는 호민관의 모든 직권과 권위를 갖는다는 승인을 원로원과 민회로부터 받습니다. 호민관 직권을 가짐으로써 이 직권이 역사적으로 획득해온 신체의 신성불가침성을 확보하고, 평민의 권리를 지키는 자로서 최대 다수의 평민을 자기편으로 만들 수 있었습니다. 이것은 긴 혼란의 시대를 체험한 그의 자기방어 수단이자 격변기에 살아남는 시대 감각에 따른 것이었습니다.

호민관 직권을 통해 아우구스투스는 원로원 소집권을 획득했을 뿐 아니라 상급명령권도 원로원으로부터 승인받았습니다. 원로원이 선출하는 속주 총독의 명령권에 우선하는 이 상급명령권은 이탈리아와 수도 로마에서 공히 효력을 갖는 강력한 권한입니다. 따라서 호민관 직권을 통해 실질적으로 원로원을 지배하고, 상급명령권으로 다른 속주 총독을 지배할 뿐 아니라 이탈리아와 수도에도 관여하는 것이 가능해졌으므로 원수의, 즉 황제의 권력은 좀더 막강한 것이 되었습니다.

그후 기원전 19년에 원수의 명령권이 집정관의 직권과 동등함을 승인받은 것 외에 아우구스투스의 공적 지위에 커다란 변화는 없었습니다. 물론 이 명령권에 의해 아우구스투스는 이탈리아에 직접 개입할 권한의 법적 근거를 획득한 셈이라서 황제의 권력이 더욱 커지고 강해진 것은 확실합니다. 그러나 이미 상급명령권을 얻었기 때문에 권한을 행사하기가 쉬워진 것에 불과하다고 볼 수도 있습니다.

한편 이 무렵부터 종교적·사회적 명예가 아우구스투스에게 부여됩니다. 기원전 12년, 아우구스투스는 전임 대신관이 사망함에 따라 대신관에 취임하여 공적인 종교 활동 전반을 총괄하는 신관의 수장으로서 로마 종교계에 군림하게 되었습니다. 그리고 4년 후, 8월을 아우구스투스의 이름을 따서 부르기로 결정합니다. 이것이 8월을 뜻하는 영단어 '어거스트(August)'의 어원입니다. 그리고 기원전 2년, 원로원과 기사계급과 로마 국민이 아우구스투스에게 바친 최후의 존칭이 '국부(pater patriae)'였습니다. 일찍이 로물루스에게 바쳐졌고 카이사르도 받았던, 로마인으로서는 특별한 의미를 갖는 이 존칭에 아우구스투스는 "평소 내가 바라던 소원이 이루어졌다"(수에토니우스)라고 하며 깊이 감격했다고 전해지고 있습니다. 공적으로나 사적으로 두루 시민의 모범이었을 아우구스투스가 공적으로 로마 사회라는 대가족의 가장임을 인정받은 것이었기 때문에 그 감동이 각별했겠지요. 그가 겪어온 힘든 과정과 위대한 업적을 집대성한다는 의미로서의 존칭이라고도 할 수 있습니다.

아그리파와 마이케나스

아우구스투스는 악티움 해전이 끝난 이후 서기 14년에 서거하기까지 44년간 로마 제국의 기초를 다졌습니다. 공화정에서 제정으로 이행하는 지난한 사업은 다행히 수많은 협력자의 도움을 받아 이룰 수 있었습니다. 그 대표적인 사람이 마르쿠스 아그리파입니다.

아우구스투스는 군대를 이끄는 데는 능숙하지 못했습

니다. 그러나 젊어서부터 아우구스투스와 같이한 친구 아그리파가 군사를 담당하여 중요한 모든 전투에서 빛나는 성공을 거둡니다. 아그리파는 나울로쿠스 해전에서 승리하여 식량 보급 루트를 확보하고(기원전 36), 일뤼리쿰과 달마티아(현재의 슬로베니아와 크로아티아)의 군사작전에서는 이탈리아 동북쪽의 방어선을 굳히고(기원전 35~34), 안토니우스와의 전투에서도 실제 지휘를 맡았습니다.

아그리파는 군사 분야뿐 아니라 행정 면에서도 뛰어난 재능을 발휘합니다. 그는 사재를 털어 대국 로마의 수도에 어울리는 도시 정비를 추진했습니다. 시가지 확대 정비, 상하수도 등 사회 기반 시설 확충, 공중목욕탕 건설 등에서도 결정적인 역할을 맡았습니다. 또 기원전 28년에는 오랫동안 하지 않았던 켄수스를 아우구스투스와 함께 실시했습니다. 오늘날의 인구조사와 소득조사를 겸한 켄수스는 로마 제국의 실태를 파악하기 위한 중요한 통계 사업이었습니다. 또 소아시아와 유대 지역의 정치적 안정에도 크게 공헌했습니다.

또한 아우구스투스가 부재중일 때는 동등한 권한으로 수도를 지켰고, 그가 수도를 떠날 수 없을 때는 대리로서 각지를 방문하여 적절한 지시를 내렸습니다. 아그리파는 아우구스투스의 오른팔이라고도, 분신이라고도 할 수 있었으며, 그 없이는 제국의 초석을 쌓지 못했을 것으로 생각될 만큼 활약했습니다. 하지만 평민 출신이어서 원로원의 유력한 의원들과는 사이가 안 좋았고 자주 비난의 대상이 되었습니다. 아그리파는 이런저런 비난을 받음으로써 아우구스투스에게 공격의 화살이 쏠리는 것을 막아주는 역할도 했다고 할 수 있습니다.

아그리파에 이은 중요한 협력자는 마이케나스라는 인물입니다. 에트루리아 지방의 대부호 마이케나스는 아그리파와 함께 일찍부터 아우구스투스를 지지했습니다. 젊은 시절에 아우구스투스는 안토니우스와 협력해야만 했지만 그들의 사이가 심상치 않았을 때 이를 수습했고, 또 아우구스투스가 이집트에서 돌아오는 길에 그의 목숨을 노리는 음모를 미리 막은 사람도 마이케나스였습니다.

노련한 교섭력으로 갖가지 어려움을 이겨내고 뛰어난 정보 수집 능력으로 위기를 미리 방지한 마이케나스는 아우구스투스에게 없어서는 안 될 외교관이자 조언자이며 첩보기관이라고도 할 만한 역할을 훌륭히 해냈습니다. 그러나 그는 그 이상으로 문화 면에서 중요한 역할을 맡았습니다.

아우구스투스의 치세를 높이 칭송하는 문학작품을 창작하여 로마 시민에게 황금시대가 찾아왔음을 느끼게 하고 충족감과 희망을 준 것은 베르길리우스나 호라티우스와 같은 시인이었습니다. 오늘날처럼 책을 대량으로 찍어 낼 수 없었던 시대에 그들이 시 창작에 몰두하려면 예술을 이해하고 경제적으로 지원할 후원자가 필요했는데, 그들의 파트론(후원자)이 바로 마이케나스였습니다. 그런 의미에서 마이케나스는 아우구스투스의 문화 담당자이자 정치적 프로파간다의 대리인이라고도 할 수 있습니다.

로마적인 것의 전당, 원로원

아그리파와 마이케나스 같은 걸출한 인물들의 협력 없이는 아우구스투스의 위업도 달성되지 못했을 것입니다. 하지만 원로원이라는 기관, 그리고 기사계급이라는 인적 자원을 활용할 수 없었다면 역시 그러한 위업을 달성할 수 없었을 것입니다.

당시의 원로원은 이미 '왕들의 모임'이라 불리던 공화정 시대와는 크게 달랐습니다. 외형과 내실 모두 변화한 것입니다. 외형만 보자면 원로원의 권한은 오히려 확대되었다고 할 수 있을 것입니다. 집정관, 법무관, 재무관 등 공직자의 선출은 원로원과 황제의 협의로 이루어졌고, 민회는 이를 거부하거나 변경할, 공화정 시대에는 가지고 있었던 권한을 상실했습니다. 즉 최고 자문기관이었던 원로원이 최고 의결기관이 된 것입니다. 입법 면에서는 공화정 시대와 마찬가지로 원로원의 의결이나 명령이 법률은 아니었지만 법률과 같은 구속력을 가지고 있었기에 원로원을 입법기관이라고 볼 수 있습니다. 사법 면에서도 중대 사건을 다루는 원로원의 재판은 상고할 수 없는 최종 판결이었으므로 대법원과 같은 기능을 가지고 있었습니다. 게다가 외형적으로는 황제의 권한조차 원로원의 승인에 근거한 것이었습니다.

하지만 실상은 어땠는지 그 내실을 좀더 자세히 살펴보겠습니다.

원로원에서 이루어지는 정무관의 선출, 의결이나 명령, 또한 중대 사건의 재판 등에 아우구스투스의 뜻을 충분히 반영하기 위해 사적인 원수고문회가 설치되어 있었습니다. 집정관 2명, 법무관과 재무관을 각각 대표하는 몇명, 그리고 추첨으로 뽑힌 원로원 의원 15명으로 구성된 모임입니다. 여기에서는 원로원의 의사일정에 부쳐지는 안건이나 재판에 회부되는 중대 사건 등을 사전에 충분히 검토한 뒤 방책을 결정했고, 그 결과가 아우구스투스의 뜻으로서 원로원의 의결이나 재판에 반영되었습니다.

이처럼 외형과 내실에 큰 괴리가 생긴 것은 아우구스

투스의 통치(governance) 구상 때문이었습니다. 아우구스투스가 전권을 장악하는 것은 그라쿠스 형제의 개혁 이후 일어난 혼란을 생각하면 당연한 일이었고, 사실상 원수정이라는 체제에 의해 평화가 실현되고 있었습니다. 그러나 공화정의 외형을 유지한 것은 단순히 원로원계급의 반발을 피하기 위해서만이 아니라, 꾸밈없고 강건한 로마 전통의 미덕을 유지하기 위함이었습니다. 아우구스투스는 원로원을 로마가 로마이기 위한, 즉 로마 고유의 관습, 습속, 윤리, 도덕, 정신 등의 유지 장치로 여기고 있었던 것입니다. 바꾸어 말하자면 로마적인 것의 전당이라고 할 수 있습니다. 외형과 내실의 괴리는 아우구스투스의 국가 이념과 현실 정치 사이의 거리라고도 할 수 있겠지요.

물론 아우구스투스는 국가 이념과 현실 정치 사이의 거리를 좁히려는 노력을 게을리하지는 않았습니다. 전권을 장악한 원수의 직접 통치는 될 수 있는 한 억제하고, 원로원을 사이에 두고 간접 통치를 하려고 노력하여 거리를 좁히고자 했습니다. 이는 원로원의 권한과 역할이 아우구스투스의 뜻에 따라 커지기도 하고 작아지기도 한다는 것을 의미합니다. 다행스럽게도 아우구스투스는 일관되게 원로원을 존중했지만 이는 원수의 뜻에 따라 달라질 수도 있었기 때문에 이후 원로원은 황제의 생각에 따라 그 성격이 자주 바뀌었습니다.

로마적인 것의 전당이자 직접 통치의 완충장치라고 하는, 아우구스투스가 원로원에 기대하는 기능이 충실해질 수 있도록 몇 가지 개혁이 이루어졌습니다. 그중 하나가 정원의 감축입니다. 아우구스투스와 아그리파가 켄수스를 실시했을 때, 원로원 의원의 정원은 1천 명, 임기는 종신이었음에도 불구하고 원로원 의원으로서 부적합한 400명을 두 번에 걸쳐 감축하여 정원을 600명으로 줄였습니다. 정원 감축을 이유로 파면된 의원 중에 아우구스투스가 좋아하지 않는 인물이 포함되어 있었던 것은 확실하지만 파면 후에도 형식적인 명예를 유지할 수 있도록 보증하는 등 완화책을 강구했으므로 큰 문제가 되지는 않았습니다.

아우구스투스는 집정관으로서 혹은 호민관 직권을 통해 항상 원로원 소집권을 갖고 있었습니다. 게다가 집정관으로 있었을 때는 그 직권으로 회의를 주관하고 집정관 사퇴 이후에도 발의할 권리와 심의에 부칠 권리를 확보했습니다.

집정관의 임기는 원래 1년이었지만 결국 6개월로 단축됩니다. 이것은 집정관직이 명예직이 되었다는 것과, 속주 총독으로 파견할 만한 고위 공직 경험자가 많이 필요해졌음을 말해줍니다. 그럼에도 로마 제국의 광대한 영역을 원로원 출신들로만 관할하는 것은 불가능했습니다. 이런 심각한 인력 부족을 메운 것이 기사계급입니다.

인적 자원으로서의 기사계급

원로원 의원과 그 가족을 원로원계급이라 하고 그 아래의 이른바 하급귀족 집단을 기사계급이라고 합니다. 하급귀족 집단이라고는 해도 세습으로 굳어진 신분은 아니었고, 일정한 재산과 명성이 있는 로마 시민이라면 명문 출신이 아니어도 기사가 될 수 있었습니다. 이전에는 이탈리아 출신자로 한정되어 있었지만 아우구스투스는 속주 출신자도 기사가 될 수 있도록 했기 때문에 기사계급은 수천 명이 넘는 커다란 집단이 되었습니다. 그들은 먼저 군대에서 경험을 쌓았고, 그중에서 활약이 두드러진 사람은 책임 있는 직책들에 등용되었습니다. 그런 예를 수도 로마의 식량관리 사업에서 살펴봅시다.

아우구스투스는 기원전 22년, 수도의 식량관리 사업을 담당하게 됩니다. 이 사업의 가장 중요한 부분은 밀을 무료로 공급 받는 사람들에게 매달 안정적으로 밀을 공급하는 것이었는데, 당시 여기에 해당하는 성인 남자는 20만 명이 넘었습니다. 밀 공급이 제대로 되지 않으면 가난한 그들은 바로 폭도로 변할 위험이 있었습니다. 아우구스투스의 치세에도 몇 차례나 그런 사건이 일어났을 정도입니다. 이 사업을 원활하게 추진하기 위해 아우구스투스는 곡물 담당관 2명(후에 4명)을 법무관 출신자, 즉 원로원 계급 중에서 임명하여 행정조직으로서의 정비를 꾀했습니다. 그러나 곡물 생산에 부과되는 세금으로서 속주로부터 가져올 수 있는 밀만으로는 수도에서 필요한 양을 확보하기가 어려워 자유시장에서 매입해야만 했습니다. 이 매입은 시장 가격을 급등시키지 않고 필요량을 확보해야 하는 어려운 작업이었습니다. 원로원계급의 경우 상업 활동은 미천한 일로서 거의 전면적으로 금지되어 있었으므로 그들은 그런 시장 원리에 대한 지식이 없었습니다. 그래서 아우구스투스는 곡물 담당관과는 별도로 기사 신분의 직책을 신설했습니다. 그리고 오늘날로 말하자면 경찰, 소방대 등 많은 조직의 수장이 기사계급 중에서 임명되었습니다. 그중에서도 이집트 전체의 속주 총독에 해당하는 장관은 특별히 뛰어난 인물이 임명되었습니다. 기사계급 중에서 임명된 그런 수장들은 그 권한을 법률로 보장받은 것은 아니었고, 어디까지나 아우구스투스가 가진 상급명령권을 근거로 하여 뽑힌 아우구스투스의 사절이자 대리인일 뿐이었습니다. 그러나 아우구스투스 개인의 권위와 권력이 사절·대리인의 직무 집행을 충분히 보증하고 있었으며, 활약 정도에 따라 더욱 출세할 수도 있었습니다. 기사들에게 출세란 좀더 중요한 직무에 취임하는 것뿐만 아니라 원로원 의원에 선출되는 것도 포함되었습니다. 사실 이탈리아 출신자밖에 없었던 원로원에 서방 속주 출신 의원이 이 시대에 나타난 것은 이러한 배경 때문에 가능했고, 그들은 기사계급에서 발탁된 사람들이었습니다. 입신출세가 가능한 기사계급은 실력과 경쟁의 집단이라고 할 수 있습니다.

아우구스투스와 그 후계자들의 권력 확대는 행정 제도의 확립 및 관료 조직의 강화와 맞물려 있었고, 이를 지탱한 것이 기사계급이라는 인적 자원이었습니다.

수도 로마의 건설 사업

카이사르부터 11대 황제 도미티아누스에 이르는 역대 황제의 전기를 기록한 수에토니우스(?~서기 140)의 『열두 명의 카이사르』는 황제로서의 업적뿐만 아니라 그들의 성장 과정이나 개인적 성격까지 상세하게 기술한 전기문학의 걸작입니다. 수에토니우스는 아우구스투스에 대해 다음과 같이 쓰고 있습니다.

그때까지 수도의 위엄에 어울리지 않는 경관에다 홍수나 화재 피해를 입기 쉬웠던 로마를 아우구스투스는 훌륭한 도시로 재탄생시켰으므로 그가 다음과 같이 자랑한 것도 당연한 일이다. "나는 로마를 벽돌로 지은 마을로 넘겨받아 대리석으로 세운 도시로 남긴다." 실제로 인간의 예지로 예측할 수 있는 한, 장래에도 안전한 도시라는 것을 보증했다.(『열두 명의 카이사르』)

수에토니우스의 말대로 아우구스투스는 수도 로마 곳곳에 많은 건물을 세웠습니다. 수도 전체가 공사 현장이 되었다 싶을 정도로 다양하게 벌어진 대규모 건설 사업은 다음과 같이 대략 세 가지로 분류할 수 있습니다.

첫째는 아우구스투스가 카이사르의 정통 후계자임을 내세우면서 자신의 정치 기반을 강화하기 위한 사업입니다. 수도 로마의 중심 광장 포룸 로마눔(이탈리아어로는 포로 로마노)에 있는 원로원 의사당과 바실리카 율리아, 그리고 원로원 의사당 맞은편에 있는 카이사르 광장은 카이사르가 착공했지만 완성하지 못한 사업이었습니다. 또 카이사르를 신격화하여 받들어 모시는 카이사르 신전과 암살자들에 대한 복수를 맹세하는 신 마르스 울토르를 모시는 신전의 건립도 이 그룹에 들어갑니다.

아우구스투스 광장 한쪽에 세워진 마르스 울토르 신전(포로 로마노) 당시에는 광장 한쪽에 우뚝 솟아 그 위용을 자랑하고 있었다. 또 신전 양쪽의 주랑에는 로마 건국 이래 위인들의 조각이 늘어서서 로마 역사를 한눈에 이해할 수 있도록 되어 있었다.

둘째는 카이사르와는 선을 긋고 아우구스투스 자신의 힘을 과시하기 위한 건설 사업입니다. 나울로쿠스 및 악티움 해전의 승리, 파르티아에 대한 외교적 승리를 각각 기념하는 세 개선문, 카이사르 광장에 인접한 아우구스투스 광장, 캄푸스 마르티우스의 '평화의 제단' 등이 그 대표적 사업입니다.

셋째는 권력의 승계를 확실하게 보여주기 위한 사업으로, 당초 후계자로 점찍은 사위 마르켈루스의 이름을 붙인 극장, 실제 후계자가 되는 티베리우스가 담당한 카스토르 신전과 콘코르디아 신전의 재건 등이 이 그룹에 들어갑니다.

정치적 목적을 가진 건설 사업 외에도 여러 신전, 극장, 원형경기장, 공중목욕탕을 건립하고 곡물 창고나 시장의 건설, 상하수도 정비 등으로 사회 기반을 튼튼히 다지는 등 그야말로 로마를 대리석의 도시로 만들었습니다.

제도 개혁과 이탈리아 정비

이러한 건설 사업과 함께 도시 전체의 질서를 잡고 그에 대응하는 제도 정비에 대해 수에토니우스는 다음과 같이 쓰고 있습니다.

아우구스투스는 수도 전역을 구와 동으로 나누어 각 구는 1년 임기의 정무관이 추첨으로 관리를 맡고, 동은 각 동에 사는 평민들 중에서 선출된 동 관리들이 책임을 분담하기로 결정했다. 화재에 대비하여 야경대와 소방부대를 창설하고, 홍수를 막기 위해 오랫동안 자갈로 메우고, 또 건물들이 점점 들어서서 좁아진 테베레 강의 둔치를 정비하고 준설했다.(『열두 명의 카이사르』)

앞부분에서는 기원전 7년에 아우구스투스가 실시한 도시 제도 개혁을 이야기하고 있습니다. 그해에 아우구스투스는 수도 로마를 14구(레기오)로 분할하고, 각 구의 행정 책임을 명확히 하고자 하였습니다.

14구가 제정되기 전에 로마에는 행정구획이 없었습니다. 물론 왕정 시대에 세르비우스 툴리우스가 4개의 구를 제정했다고 전해지지만, 이것이 공화정 시대에 행정구획으로서 기능하고 있었던 것은 아닙니다. 공화정 시대에 비해 시가지 면적이 크게 확대되고 인구 증가가 두드러진 아우구스투스 시대에는 행정구역을 정하지 않으면 도시 행정이 이루어지지 않을 정도로 수도가 팽창했습니다. 이것이 수도 전체를 14구로 분할하고 각 구를 다시 동으로 분할한 가장 큰 이유였습니다.

14구 중에서 가장 작은 구는 '포룸 로마눔'으로 불리는 제8구로, 포룸 로마눔, 카이사르 및 아우구스투스 광장, 카피톨리누스 언덕을 포함하여 면적이 26헥타르쯤 됩니다. 한편, 가장 큰 구는 강 건너편을 의미하는 '트란스 티베림'이라고 불리는 제14구로, 면적이 400헥타르나 되었습니다. 아우구스투스는 이들 14구를 각각 관할하는 임기 1년의 정무관을 추첨으로 선출하게 했습니다. 그들은 법무관, 조영관 등 고위 공직자 가운데에서 뽑혔습니다.

또 각 구는 더 많은 동으로 분할되어 각각의 동에 4명의 동 관리가 주로 해방노예 중에서 선출되었습니다. 아우구스투스 시대의 동 수는 분명하지 않지만 74년 당시 265동이라는 기록이 있는 것으로 보아 아마 처음부터 265동이었을 것으로 추정됩니다. 동 관리는 특별한 날만 담당구안에서 토가 프라이텍스타(자주색 단을 댄 고등 정무관용 토가)를 착용하는 것과 길을 인도하는 2명의 수행원을 동반하는 것이 허락되었습니다.

이렇게 권위를 부여함으로써 동 관리의 다수를 차지하는 해방노예의 허영심을 채워줌과 동시에 사회 구석구석에까지 행정이 미치도록 했습니다.

동 관리의 주된 임무는 담당 지역의 치안과 화재 예방, 그리고 윤리적·종교적 질서를 유지하는 것이었습니다. 이 세번째 임무를 수행하기 위해 동 관리는 거리에 제단을 설치해 관리하고 제의를 집행했습니다. 예부터 내려온 로마인의 관습을 제도화하여 전통적인 공공질서와 미풍양속의 부활을 꾀하면서 동시에 사회의 말단 조직인 동차원의 사회 질서를 유지하는 윤리적·종교적 제도를 정착시키고자 한 것입니다.

수에토니우스가 쓴 앞의 글 후반부는 거대 도시로 성장한 로마의 안전을 도모하기 위해 아우구스투스가 실시

토가 프라이텍스타를 입은 인물
(폼페이, 〈베티우스 형제의 집〉이라
는 벽화에서)

한 치안·소방의 제도화와 조직화에 대한 것입니다. 치안
을 위해 아우구스투스가 임명하는 관리의 관할 아래 도경
대가 신설되었습니다. 군대와 똑같은 조직을 가지고 수도
경비를 맡은 도경대는 3개 대대로 구성되었고 각 대대에 1
천 명의 대원이 배속되어 주간 경비를 맡았습니다. 한편,
야간 경비 및 소방은 야경대가 맡았습니다.

　화재는 빽빽해진 대도시 로마의 큰 문제였습니다. 공
화정 시대에 소방은 세르비우스의 성벽을 따라 소방3인위
원회가, 공공건축이나 신전은 주로 조영관이, 그리고 주택
은 호민관이 각각 분할하여 담당하고 있었습니다. 그 밖에

지역 주민이 자체적으로 조직한 소방대도 있었는데, 불이 번지는 것을 막기 위해 건물을 부술 권한은 없었습니다. 아우구스투스는 분산되어 있던 소방 조직을 하나로 통합하기 위해 기원전 23년, 조영관 밑에 600명의 노예를 소방 요원(주로 물을 뿌리는 것이 임무였습니다)으로 두고, 나중에 그들을 동 관리 밑으로 옮겼습니다. 그래도 충분한 성과를 거둘 수 없었기 때문에 기원전 6년에 야경대를 조직했습니다. 야경대는 각각 두 개의 구를 관할하는 7개 대대로 구성되었고 각 대대는 약 1천 명의 대원으로 구성되었습니다. 각 대대에는 펌프 담당, 살수 담당, 파괴나 구출 담당, 거기에 의사 등 특수한 능력을 가진 대원이 배속되면서 소방체제가 드디어 정비되어 '장래에도 안전한 도시'로서의 제도가 완성되었습니다.

14구 제정에 앞서 기원전 27년, 아우구스투스는 이탈리아 반도를 11개의 지방으로 구분합니다. 역사적·문화적 특징을 고려한 행정구역의 제정은 이탈리아를 속주와는 선을 그은 특별지역으로 만드는 아우구스투스의 정책에 따른 것이었습니다.

도시와 도시를 연결하는 가도도 정비되어 이탈리아 반도 전체가 네트워크라고도 할 수 있는 도로망으로 이어졌습니다. 또 아우구스투스는 각 도시의 재정 부담이 너무 커질 수 있는 상수도 건설에도 지원을 아끼지 않았습니다. 이탈리아 반도 전역에서 이루어진 적극적인 공공투자는 농업, 공업, 상업을 활성화했고, 이탈리아에 일찍이 없던 번영을 가져왔습니다.

그러나 1세기 후반이 되자 속주에 대한 이탈리아의 우위에 변화의 조짐이 나타납니다. 값싼 노동력과 풍부한 천연자원으로 인해 속주 경제가 확대되면서 제국 내에서 이탈리아의 지위는 상대적으로 낮아지기 시작했습니다. 그런 상황에 박차를 가하듯 하드리아누스(재위 117~138)는 수도 로마를 제외한 이탈리아를 속주로 지정합니다. 또 카라칼라(재위 198~217)가 이탈리아의 주요 도시에 지방장관(프로쿠라토르)을 파견하여 도시 재정을 감독하도록 하는 한편 속주의 모든 자유민에게 로마 시민권을 부여함에 따라 이탈리아의 특권적 우위는 완전히 사라지게 되었습니다.

속주 통치의 구조

아우구스투스 시대의 속주 수는 명확하게 전해지고 있지 않지만 앞서 이야기한 대로 그중 절반쯤은 원로원이, 나머지는 아우구스투스가 관할했습니다. 여기에 속하지 않은 것이 이집트입니다. 이집트는 아우구스투스 개인이 소유하는 땅으로 간주되어 다음 황제들에게 넘겨졌습니다.

원로원이 관할하는 속주의 총독은 집정관 출신자 중에서 추첨으로 선출하게 되어 있었지만 아시아 같은 큰 속주를 제외하고는 법무관 출신자가 선출되었습니다. 이는 공화정 시대의 구조를 그대로 계승했다고 할 수 있습니다. 그러나 공화정 시대에는 1년이라는 짧은 임기에도 막대한 부를 쌓는 총독도 있어 속주가 혼란스러워지고 피폐해지는 경우도 있었습니다. 그런 일이 일어나지 않도록 아우구스투스는 속주 총독에게 봉급을 주는 등 몇몇 개혁을 통하여 속주의 정치적 안정을 도모합니다. 속주로부터 거두는 세금이 수도 로마나 이탈리아뿐 아니라 로마 제국 전체를 유지하기 위한 재정적 기반이었기 때문입니다.

각 속주에서는 주민의 수나 경작지의 면적을 파악하기 위해 인구조사가 거의 5년마다 한 번씩 이루어졌습니다. 경작지에 대한 세금과, 경작지를 가지지 못한 속주 주민에 대한 인두세 등은 인구조사를 바탕으로 부과되었습니다. 이것은 과세에 필요한 기본 대장 작성과 같은 성격을 띠고 있었으므로 속주의 인구조사는 점차 중요해져 속주의 주요한 행정 사업 가운데 하나가 되었습니다. 또 십일조 외에 관세, 노예 구입세, 노예 해방세, 경매세, 상속세도 있었는데 세금의 종류나 그 편성 등 세제의 내용은 속주마다 달랐습니다. 더구나 군단이 주둔해 있던 속주에서는 주둔 경비를 조달하기 위한 세금도 징수되었습니다.

아우구스투스 시대의 행정기구 정비에 따라 주요한 직접세는 재무관이나 황제 직속의 관리가 맡아 징수했고 매출세 같은 간접세만 징세청부업자가 거두었습니다. 그러나 관료 제도가 발달하면서 간접세도 황제 직속 관리가 징수하게 됩니다.

각 속주에서 거둔 세금은 도로 공사나 상수도 건설 등의 사업과 그 관리, 치안 유지, 행정 운영 등에 사용되었는데, 속주 도시들은 독자적으로 재정을 운영했습니다. 도시가 소유하는 공유지나 점포의 수입, 공중목욕탕의 요금을 비롯한 여러 가지 이용료가 주된 수입원이었습니다. 물론 이런 수입만으로는 신전이나 극장을 건설하거나 원형경기장에서의 행사를 개최할 수 없습니다. 그런 건설비나 경비의 대부분을 부담한 것은 각 도시의 시참사회 회원들이었습니다.

오늘날의 시의회에 해당하는 시참사회는 도시의 규모에 따라 달랐지만 대부분 80명에서 100명의 회원으로 구성되어 있었습니다. 대부분의 시참사회 회원은 도시 주변에 광대한 경작지를 소유한 대지주로서 도시 행정을 좌지

우지하는 지배층이자 도시의 정비와 미화를 진행하는 핵심 세력이기도 했습니다. 그들 중 특히 부유한 자는 신전, 극장, 공중목욕탕 등의 건설비를 부담하고 검투사 경기나 연극 등의 오락을 제공했습니다.

또한 그들에게는 적극적인 기부 동기가 될 만한 것으로 시의 공직 선거가 있었습니다. 시장에 해당하는 2인위원이나 보좌역에 해당하는 조영위원에 당선되려면 기부로 시와 주민에게 얼마나 공헌하고 있는지를 과시하며 선거인의 환심을 살 필요가 있었기 때문입니다. 또 당대에 재산을 모은 시민도 되도록 빨리 시참사회 회원이 되려고 기부에 힘썼습니다. 그중에는 열 살도 안 되는 소년이 기부자로서 신전에 이름을 남긴 예도 있습니다. 물론 소년이 기부한 것은 아닙니다. 부친이 아들에게 시참사회 회원이라는 명예로운 지위를 주려고 생각해낸 부성애의 산물로, 여기에는 당시의 사회 신분이 고스란히 반영되어 있습니다. 그도 그럴 것이 부친은 노예였다가 자유를 얻은 해방노예로서 아무리 재산이 많아도 해방노예의 신분으로는 시참사회 회원이 될 수 없었습니다. 그러나 해방노예의 자식은 그런 제약을 받지 않았습니다. 소년 시절부터 기부를 시작하면 일정한 연령이 되었을 때 시참사회 회원으로 추천받을 가능성이 높아집니다. 눈물겨운 부성애라고 할 수 있는데, 시참사회 회원은 그만큼 매력적이었던 셈이지요.

황제 속주의 총독은 아우구스투스가 임명했습니다. 제국 국경의 요충지인 이들 속주에는 군단이 주둔하고 있었으므로 여러 군단이 주둔하는 속주 총독에는 집정관 경력자를 임명하고, 1개 군단 이하가 주둔하는 속주에는 법무관 경력자를 파견했습니다. 그들은 원로원계급이었는데, 어디까지나 황제의 사절로서의 총독이었습니다. 한편, 기사가 속주 총독으로 파견되는 경우도 있었습니다. 예수 그리스도를 십자가형에 처한 일로 후세에 이름을 남긴 속주 유대의 총독 필라투스('빌라도'라고도 합니다)는 기사 신분이었습니다.

지방 도시의 건설

아우구스투스가 추진한 여러 가지 속주 정비 중에 특히 눈에 띄는 것이 수많은 도시를 속주에 건설한 일입니다. 그 수는 120개가 넘을 것으로 추측됩니다. 아우구스투스는 왜 이렇게 많은 도시를 건설했던 것일까요? 그 이유로 두 가지를 생각할 수 있습니다. 하나는 제대병의 처우를 위해서이고, 또하나는 속주를 로마화하기 위한 것이었습니다.

악티움 해전 당시 로마의 정규 군단은 60개나 되었습니다. 1개 군단에 6천 명의 장병이 있었으므로 모두 36만 명이나 됩니다. 아우구스투스는 이 병력을 28개 군단, 약 15만 명으로 축소합니다. 물론 정규 군단과 거의 같은 수의 보조 군단 병사가 있었지만 지중해 전역으로 확대된 로마의 영토를 생각하면 결코 충분하다고는 할 수 없는 규모입니다. 내란을 종결하고 평화로운 시대를 실현한 아우구스투스는 변경지대 같은 군사 분쟁 위험이 있는 곳에 효율적으로 군단을 배치하면 충분할 것이라고 생각했습니다. 그렇지만 군단의 수를 절반 이하로 줄인다는 대담한 조치는 강대한 권력을 완전히 장악한 아우구스투스였기 때문에 실현할 수 있었습니다.

그러나 군역에서 벗어난 병사나 제대한 병사는 단순히 계산해도 20만 명이 넘어, 그들을 그대로 두면 심각한 사회 문제가 될지도 몰랐습니다. 술라나 카이사르도 권력을 장악한 시점에서 똑같은 문제에 직면하여 이탈리아와 속주의 도시에 제대병을 정착시키거나 새로운 도시를 건설하여 토지를 배분하기도 했습니다. 그러나 아우구스투스가 감당해야 하는 옛 병사의 수는 이러한 관례만으로는 감당하기 버거운 규모였습니다. 그리하여 악티움 해전의 군영지에 니코폴리스('승리의 도시'를 의미합니다)를 건설하

메리다(스페인)**에 있는 로마 시대 극장**   아우구스투스가 건설한 도시의 하나로 제
대한 병사들이 이주했다.

거나 히스파니아 오지에 에메리타 아우구스타(현재의 메리
다)를 건설하는 등 120여 개의 도시를 건설한 것입니다.

　이들 도시에는 식민시(콜로니아)라는 자격이 주어졌습
니다. 식민시는 앞서 이야기한 대로 시장에 해당하는 2인
위원이나 보좌역에 해당하는 조영위원, 그리고 시의회에
해당하는 시참사회 등을 통해 자치권을 인정받고 주민은
로마 시민권의 혜택을 받았습니다. 또 속주나 중앙정부에
납부하는 세금도 대폭 경감되었는데, 이탈리아의 식민시
처럼 세금을 면제받은 도시도 있었습니다.

식민시 외에 자치시(무니키피움)와 단순한 도시(키비타스)도 있었습니다. 도시의 자격으로 보면 식민시 아래에 위치하는 자치시도 식민시와 같은 자치를 인정받았는데, 완전한 로마 시민권을 가질 수 있는 사람은 2인위원이나 조영위원 등 공직자들에 한정되어 있었습니다. 그리고 식민시도 자치시도 아닌 도시에는 로마 시민권을 가진 주민이 없었습니다. 그러나 도시 행정에 관한 자치는 속주 총독에 따라 상당한 범위를 인정받았습니다.

주민으로서 생활하는 도시나 마을 안에 있는 한, 로마 시민권의 소지 여부는 큰 의미가 없습니다. 그러나 일단 자신의 생활권 밖으로 나가면 분명한 차이가 있었습니다. 시민권을 가진 사람은 가령 다른 도시나 지방에 머무르려 할 때 법률에 의해 정해진 권리를 주장할 수 있었지만, 시민권이 없는 사람은 그런 권리를 주장할 수 없었습니다. 또 시민권을 가진 사람은 중대한 범죄나 소송에 연루되었을 때 원로원 혹은 황제의 재판을 요구하는 것이 가능했습니다. 그 유명한 예가 그리스도교의 선교에 힘쓴 바오로(바울)의 경우입니다. 그리스도교에 반감을 가진 유대교도에 의해 피소되어 속주 유대 총독에게 체포된 바오로는 로마 시민권을 근거로 황제에게 상소하겠다고 주장하여 유대에서 이탈리아까지 배로 호송됩니다. 재판 결과는 전해지지 않고 있지만(황제 네로에 의해 처형되었을 가능성이 있습니다) 로마 시민권이 얼마나 존중받고 있었는지를 말해줍니다.

서방 속주를 중심으로 건설된 식민시, 게다가 자치시나 도시는 속주 통치에 결정적인 역할을 맡고 있었기에 이들 도시 없이는 원활한 통치가 불가능했습니다. 그리고 로마의 자치 제도가 도입되고, 제대병과 이탈리아에서 온 이주자들에 의해 로마적인 생활양식이 정착된 것은 도시의 로마화를 진전시켰을 뿐 아니라 주변 지역에 로마 문화를 보급하는 중요한 역할도 수행했습니다.

국경의 정비 그라쿠스 형제의 개혁에서 카이사르의 시대까지 끊이지 않았던 권력자들의 다툼 때문에 로마 사회는 100년 가까이 혼란스러웠습니다. 그러나 이러한 혼란의 시대에도 권력자들은 자신의 힘을 과시하기 위해 지중해 일대 곳곳에서 전쟁을 벌여 로마의 영토를 크게 확대했습니다. 아우구스투스는 이렇게 확장된 영토를 넘겨받았습니다. 이 영토는 지중해 전역에 걸쳐 있었는데, 이전의 권력자들이 각자의 상황에 따라 치른 전쟁에서 획득한 지역도 포함되어 있어 일관된 영토 계획에 따라 이루어진 것은 아니었습니다. 확대된 영토를 넘겨받은 아우구스투스에게는 영토에 관한 전체적인 계획을 세워 막연한 국경을 명확히 해야 하는 일이 남아 있었습니다(앞의 '로마 제국의 판도' 지도 참조).

명확한 국경을 정하고 그 일대를 안정시키는 것이 영토 계획의 기본입니다. 아우구스투스는 되도록 자연 지형이나 특징을 활용하여, 국경을 지키는 데 드는 군사비를 억제할 수 있는, 가능한 한 안정된 국경을 확정하려 했습니다. 그는 큰 강이나 산맥, 사막이나 해안선을 활용하여 국경을 확정했습니다.

북아프리카에서 아라비아에 걸친 로마 제국의 남쪽 국경선은 사하라 사막과 아틀라스 산맥, 거기에 나일 강의 제1폭포 같은 자연 지형을 충분히 활용했고, 이집트와 아라비아를 가르는 홍해의 해상권은 기원전 25년에 확보합니다. 또 홍해 동쪽은 아라비아 사막을 이용하여 국경을 정했습니다.

자연 조건을 이용하여 효율적으로 방어할 수 있는 국경의 정비가 가능했던 남쪽에 비해 동쪽 국경을 안정시키려면 어려운 작업을 해야 했습니다. 동쪽 국경은 팔레스티나에서 시리아, 아나톨리아(소아시아)를 거쳐 흑해에 이르는데, 아라비아 사막, 시리아 사막, 거기에 유프라테스 강을 중심으로 구상했을 것으로 짐작됩니다. 그러나 동쪽은 제국의 남쪽 국경처럼 자연 조건이 충분히 유효하지 않았던데다 파르티아라는 강국이 자리하고 있었습니다. 이 때문에 자연 조건을 이용하면서도 로마령과 파르티아령 사이에 흩어져 있던 여러 작은 왕국을 완충지대로 삼았습니다.

이들 소왕국은 안토니우스가 로마와의 우호관계를 조건으로 존속을 인정한 속국으로서 아우구스투스도 기본적으로는 안토니우스의 방침을 그대로 따랐습니다. 그러나 팔레스티나의 유대 왕국은 지중해에 면해 있어 전략적으로 중요했기 때문에 아우구스투스는 이곳을 합병하고 속주 유대를 설치했습니다. 그 밖에도 몇몇 소왕국을 합병했는데, 파르티아와의 완충지대로 이용할 수 있는 소왕국은 속국으로서 그대로 존속시켰습니다. 그런 속국 가운데 하나가 아르메니아 왕국이었습니다.

이 파르티아계 왕국은 두 강국 사이에서 왕위 계승조차 강국의 뜻을 무시할 수 없었던, 정치적으로 불안정한 나라였습니다. 그러나 이 왕국의 동향은 로마와 파르티아에도 큰 영향을 끼칠 정도로 중요한 전략적 의미를 지녔습니다. 아르메니아 왕국이라는 불안정한 요인의 해소책으로서 로마 혹은 파르티아에 의한 왕국 합병이 고려될 수 있었지만, 어느 쪽이 합병하든 직접 적국과 국경을 맞대게 되어 좋은 방책이라고는 할 수 없었습니다. 그리하여 차선책으로서 아르메니아왕국은 양국의 완충지대로 살아남았습니다. 이것이 후에 클라우디우스(재위 41~54)나 네로(재위 54~68)를 괴롭히게 됩니다.

북쪽 국경도 동쪽처럼 문제가 많았습니다. 아우구스투스는 당초 도나우(다뉴브) 강과 엘베 강을 잇는 선을 국경으로 확정하려 했습니다. 도나우 강과 라인 강을 잇는 연장선보다 국경이 훨씬 단축되기 때문입니다. 이를 위해 아우구스투스는 기원전 12년부터 아내 리비아가 데려온 아들인 티베리우스의 동생 드루수스를 파견하여 라인 강 이북으로의 진출을 도모합니다. 그러나 서기 9년, 독일 북서쪽 끝의 엠스 강과 베저 강 사이에 위치하는 토이토부르크 숲에서 로마군은 전멸에 가까운 패배를 당해 북진을 단념해야 했습니다.

이때 로마군 지휘관은 바루스였습니다. 그의 부친은 브루투스와 함께 카이사르를 암살한 원로원 보수파의 유서 깊은 귀족이었지만, 바루스 자신은 아우구스투스와 연결되는 아내의 가계를 연줄로 집정관이 되었고, 유대 왕국을 속주로 만들 때에도 활약한 유능한 정치가이자 군인이었습니다. 한편, 게르만인을 통솔한 아르미니우스는 로마군에서의 활약을 인정받아 기사계급으로 발탁된 인물입니다. 게르만 부족의 하나인 케루스키족의 족장이자 로마인의 사고방식과 행동양식을 잘 알고 있던 아르미니우스는 토이토부르크 숲에 바루스가 이끄는 로마군을 전멸시켰을 뿐 아니라 바루스까지 죽음으로 내몰았습니다. 전멸한 로마의 정규 군단은 3개 군단, 약 2만 명으로 심각한 피해를 입었습니다. 그후 정규 군단은 28개 군단이 아니라 25개 군단이 되었는데, 다시 28개 군단으로 회복된 때는 베스파시아누스(재위 69~79) 시대였습니다.

토이토부르크에서의 패전은 로마에 큰 손실을 입혔고, 또 이미 연로한 아우구스투스의 영토 구상에도 큰 영향을 끼쳤습니다. 도나우 강과 엘베 강을 잇는 국경 계획을 폐기하고 안정 확보를 위해 도나우 강과 라인 강을 국경으로 삼기로 변경했습니다. 결과적으로 현명한 선택이었지만 노쇠해진 아우구스투스의 건강이 정책 결정에 영향을 끼쳤다고 할 수 있습니다.

서쪽 국경은 남쪽 국경처럼 명료했고 안정되어 있었습니다. 지브롤터 해협에서 라인 강 하구까지 대서양에 면한 해안선이 국경이 되었습니다. 서쪽 국경 맞은편에 있는 브리타니아로의 진출은 아우구스투스 밑에 있었던 사람들이나 그 영광을 노래하는 시인들이 진언했음에도 불구하고 아우구스투스가 승인하지 않았습니다.

　이와 같은 장대한 국경을 유지하고 이민족의 침입을 막기 위해 이집트에 2개 군단, 아프리카에 1개 군단, 시리아에 4개 군단, 라인 강 연안에 8개 군단, 도나우 강 연안에 7개 군단을 배치했고, 지브롤터 해협에서 라인 강 하구에 걸쳐 3개 군단을 주둔시켰습니다. 이러한 군단의 배치에서도 북쪽 국경이 얼마나 복잡하고 힘든 방어선이었는지를 알 수 있습니다.

후계자 문제와 제정의 확립

아우구스투스의 치적을 되돌아보면 그 고비마다 아그리파가 얼마나 큰 공헌을 했는지 알 수 있습니다. 정쟁, 전쟁, 개혁, 정비 등 모든 분야에 걸쳐 중대한 국면에서는 반드시라고 해도 좋을 정도로 아그리파가 관여했습니다. 그리하여 아우구스투스는 공직과 권한 면에서 아그리파를 동료로 대우했습니다. 인구조사 때는 그에게 감찰관이나 집정관직뿐만 아니라 상급명령권이나 호민관 직권마저 주었던 것입니다. 이런 극진한 처우를 보면 아그리파를 후계자로 염두에 두고 있었던 것은 아닐까 싶을 정도입니다. 그러나 그럴 가능성은 없었다고 해도 좋을 것입니다. 적어도 그들에게는 동갑이라는 나이 문제가 있었습니다. 그러면 누구를 후계자로 생각하고 있었을까요?(앞의 가계도 참조)

최초의 후보자는 누이 옥타비아의 아들 마르켈루스였습니다. 아내 리비아와의 사이에 아이가 없었던 아우구스투스에게 스무 살 정도 어린 조카는 이상적인 후계자 후보였습니다. 전처와의 사이에서 얻은 딸 율리아가 아직 나이가 차지 않았음에도 마르켈루스와 결혼시킨 것도 되도록 일찍 후계자 문제를 정리하고 싶었기 때문입니다.

그러나 마르켈루스는 스무 살이 채 되지 않아 요절합니다. 아우구스투스가 다음으로 생각한 것은 율리아를 이번에는 아그리파에게 시집보내 손자를 얻는 것이었습니다. 옥타비아에게는 부디 사위를 양보해달라는 부탁을 했다고 합니다. 사위는 아그리파를 가리키는데 옥타비아의 딸과 결혼했음에도 불구하고 이혼하게 한 다음 율리아와 결혼시킨 것입니다. 이 계획은 순조롭게 진행되어 가이우스 카이사르와 루키우스 카이사르라는 손자들을 얻을 수 있었습니다. 아우구스투스의 기쁨이 얼마나 컸는지는 이 두 사람이 평화의 제단에 새겨진 행진 장면에서 맨 앞이나 다름없는 극히 중요한 위치에 있다는 것을 보아도 잘 알 수 있습니다.

아우구스투스는 두 손자를 젖먹이인데도 불구하고 양자로 삼고 후계자를 공식화했습니다. 그러나 청년이 된 가이우스는 아르메니아에서 벌어진 전투에서 입은 부상이 원인이 되어 서기 4년에 사망합니다. 그보다 2년 전에는 동생 루키우스도 세상을 떠났습니다. 그 결과 후계자로 어울리는 혈연과 능력을 갖춘 이는 리비아가 데려온 자식인 티베리우스만이 남았습니다.

'평화의 제단'에 새겨진 행진 장면
루키우스가 아그리파의 옷자락을 움켜쥐고 있다.

아우구스투스는 가이우스가 죽은 후 곧바로 티베리우스를 후계자로 공식 지명합니다. 유능하지만 내성적인 성격의 티베리우스에게 아우구스투스는 결코 호의를 품고 있지는 않았습니다. 그러나 다른 선택지가 남아 있지 않았습니다. 아우구스투스는 후계자를 지명함과 동시에 티베리우스의 동생 드루수스의 아들 게르마니쿠스를 티베리우스의 양자로 삼습니다. 티베리우스에게는 친아들이 있었음에도 불구하고 장래의 후계자를 지명한 것입니다. 후계자 결정이 자기 뜻대로 되지 않았던 선례를 티베리우스에게도 일러주려고 했던 것 같습니다.

후계자로서 티베리우스의 위치는 짧은 기간 내에 반석처럼 단단해졌습니다. 호민관 직권을 비롯한 모든 중요한 권한을 아우구스투스의 동료로서 가지게 되었고, 의식을 치를 때도 아우구스투스 옆에 앉아 제2의 권력자임을 공식화했습니다. 권력의 승계가 무난하게 진행된 14년, 아우구스투스는 여행 도중 병이 들어 캄파니아 지방의 놀라 근교에 있는 별장에서 75살을 일기로 사망합니다.

악티움 해전부터 세어도 44년이나 되는, 이례적으로 오랫동안 권력의 자리에 있었던 아우구스투스는 공화정 시대의 전통과 법을 존중하면서 평화와 질서를 로마 세계에 실현하고, 제정이라는 새로운 국가 체제를 구축했습니다. 실질적으로는 전군을 지휘하는 최고 사령관이면서 문민정치의 두터운 베일로 자신의 군권을 감추었기 때문에 좀더 안정된 체제를 쌓는 데 성공했고, 이 체제는 그후 200년 가까이 지속됩니다. 이를 가장 단적으로 보여주는 것이 티베리우스가 즉위할 때, 아우구스투스가 이전에 그토록 염려했으며 그런 까닭에 신중하고 세심하게 정치를 운영하도록 만든 공화정 복귀에 대한 주장은 어느 누구의 입에서도 나오지 않았고 완전히 과거의 것이 되어버렸다는 사실입니다.

제정 확립과 안정을 위해 아우구스투스가 실현할 수 없었던 단 한 가지를 들자면 황위 계승 혹은 폐위 제도입니다. 모든 중요한 사안이 황제의 재량에 달려 있었고, 황위 계승과 폐위도 그 재량에 당연히 포함되어 있었습니다. 따라서 황위 계승은 황제가 죽지 않으면 이루어지지 않았고, 폐위는 당사자인 황제 자신의 결단 없이는 실현되지 않는다는 문제가 남았던 것입니다.

III

제국의
발전과 번영

황제들의 향연

로마와 속주를 의인화한 모자이크
(튀니지, 엘젬)

황제 숭배와
그 신격화

팔라티누스 언덕의 사저에 안치된 아우구스투스의 시신은 보라색 옷에 덮여 장례가 진행되는 포룸 로마눔으로 옮겨졌습니다. 고인을 직접 볼 수는 없었지만 납으로 만들어진 개선장군 초상을 통해 생전의 모습을 떠올릴 수 있었습니다. 그 뒤에는 카이사르나 아우구스투스를 배출한 율리우스 가문의 걸출한 선조들의 초상과 로마 영웅들의 초상을 든 남자들이 따랐습니다. 그러나 카이사르의 초상은 없었습니다. 원로원에 의해 신격화되어 이미 신의 반열에 올라 있었기 때문입니다. 리비아를 비롯한 아우구스투스 일족, 원로원 의원, 기사, 친위대 병사, 외국의 조문 사절 등 많은 사람들이 상복을 입고 운구 행렬을 따랐습니다. 포룸 로마눔에 도착하자 아우구스투스가 만든 새 연설대(로스트라) 위에 관을 놓기 위한 받침대를 설치하고 그 위에 시신을 안치했습니다.

아우구스투스의 장례식은 그의 업적, 권력, 권위, 시민의 애도 분위기에 비해 간소했습니다. 카이사르 신전 앞에서 후계자인 티베리우스가, 옛 연설대에서 티베리우스의 아들 드루수스가 각각 그의 업적을 알리고 애도의 연설을 했을 뿐입니다. 시신은 포룸 로마눔에서 개선 행진을 할 때의 길을 거꾸로 이동하여 캄푸스 마르티우스의 화장장까지 여러 명의 원로원 의원이 어깨에 메고 운반했습니다.

그런 다음 높이 쌓은 장작 위에 시신을 놓고 화장했습니다. 유골을 모은 것은 기사계급의 대표자들입니다. 그들은 기본적인 평상복인 투니카(조끼)만을 걸치고 맨발로 행사에 참여했습니다. 아우구스투스가 중용하여 사회적 지위가 높아진 사람들이 허식을 버리고 진정한 애도의 모습을 보인 것입니다. 항아리에 담긴 유골은 화장장 옆에 있는 아우구스투스의 영묘에 모셔졌습니다.

이미 1년도 더 전에 작성된 유서의 낭독이 끝나자 아우구스투스 자신이 기록한 『업적록』을 드루수스가 읽어내려갔습니다. 거기에는 자신의 간결한 경력과 업적, 그리고 국가와 국민을 위해 아우구스투스가 부담한 경비의 자세한 목록이 적혀 있었고, 마지막에는 청동판에『업적록』을 옮겨 적어 기둥에 걸라고 명했습니다. 티베리우스는 그 명에 따라 아우구스투스 영묘 정면에 선 두 개의 기둥에 그 청동판을 붙였습니다.

안타깝게도 이 청동판은 현존하지 않습니다. 그러나 16세기에 터키 공화국의 수도 앙카라에 있는 '로마와 아우구스투스의 신전'에서『업적록』의 복사본이 발견되어 거의 완전한 형태로 복원되었습니다. 여기에서도 알 수 있듯이『업적록』은 속주 각지에 건립된 '아우구스투스 신전'의 벽에 비문으로 새겨졌던 것 같습니다. 아우구스투스의 위대한 공적을 영구히 기념하기 위해서였습니다.

그러면 '로마와 아우구스투스의 신전' 혹은 '아우구스투스 신전'은 어떤 성격의 신전이었을까요? 그 성격을 명확히 하려면 황제 숭배와 황제의 신격화를 생각할 필요가 있습니다.

속주 각지에서는 장기간에 걸친 혼란 끝에 드디어 평화를 가져다준 아우구스투스를 숭배하려는 기운이 높아졌습니다. 다민족 국가인 로마 제국에서 원수 아우구스투스를 숭배하는 것은 국가로서의 통일성을 굳건히 하기 위해서도 바람직한 일입니다. 아우구스투스는 속주 각지에서 높아져가는 아우구스투스 숭배 목적의 신전 건립 신청을 허가함과 동시에, 수도 로마와 이탈리아의 우위를 좀더 확실하게 다지기 위해 로마와 아우구스투스를 함께 모시는 신전을 권장했습니다. 이 단계에서 아우구스투스는 아직 공식적으로 신격화되지는 않았지만 신전에 모셔지게 되었으므로 속주에서는 사실상 신으로 숭상되고 있었다고 할 수 있습니다.

한편, 이탈리아에서는 아우구스투스를 모신 신전이 건립되지는 않고 아우구스투스 일족의 번영이나 행운을 비는 간접적인 방법을 택했습니다. 속주와 이탈리아에 왜 이러한 차이가 생겼는지는 카이사르까지 거슬러올라가 생각할 필요가 있습니다.

기원전 44년에 암살된 카이사르의 신격화와 카이사르 신전의 건립이 결정된 것은 기원전 42년의 일입니다. 사후라고는 해도 인간을 신격화하는 것은 로마 역사상 처음 있는 일이었습니다. 그리스 종교와 달리 반신(半神)이나 영웅이 없는 로마 종교는 인간이 신이 되는 길을 막아놓은 종교였습니다. 아주 예외적으로 속주에서 신으로 숭앙된 몇몇 총독들이 있는데, 모두 그리스의 문화적 기반이 강했던 지방으로 한정되어 있었습니다. 중앙정부가 신격화를 금지하지는 않았던 것은 다민족·다문화를 받아들인 로마 세계의 통치를 위해서는 일정한 관용이 필요하다고 판단했기 때문이겠지요. 그러나 수도 로마와 이탈리아에는 그런 선례가 없었습니다.

당시 로마 정치를 지배하던 세력은 제2차 삼두정치 체제를 만든 안토니우스, 레피두스, 아우구스투스 세 사람이었습니다. 신격화라는 정치적으로도 미묘하고 중요한 문제에 결단을 내릴 수 있었던 것은 3인의 실력자가 모두 '신이 된 카이사르'의 후계자가 됨으로써 자신들의 정치 기반을 강화할 수 있을 것이라고 생각했기 때문입니다. 3인의 정치적 결단을 받아들여 카이사르의 신격화를 정식으로 결정한 것은 원로원이었고, 아우구스투스도 그의 사후 원로원령에 따라 공식적으로 신격화됩니다.

카이사르의 선례에 따라 아우구스투스의 신격화도 원로원령의 반포로 공식화되었습니다. 티베리우스는 팔라티누스 언덕 한쪽에 아우구스투스 신전을 건립했습니다. 수도 로마나 이탈리아의 도시뿐만 아니라 아우구스투스가 건설한 식민시와 지중해 서부의 속주 도시에서도 신전이 건립되어 로마 제국 각지에서 아우구스투스를 신으로서 숭배하게 되었습니다.

티베리우스는 아우구스투스의 신격화를 실현했지만 그는 죽은 후 신으로 모셔지지 않았습니다. 후계자인 칼리굴라가 티베리우스를 좋아하지 않았던데다 모계 쪽 증조부가 '신이 된 아우구스투스'였기 때문에 전임 황제를 신격화할 필요도 없었습니다. 황제의 신격화는 후계자의 이해득실에 달려 있었던 것입니다.

후계자 티베리우스의 과제

아우구스투스는 시민의 제일인자, 최선의 시민이 통치하는 원수정이라는, 어디까지나 공화정의 범위를 벗어나지 않는 체제를 가장하고 있었지만, 권력을 장악하자 근친을 후계자로 삼기 위해 세습제 왕조의 수립을 꾀했습니다. 따라서 눈에 든 육친에게는 일찍부터 호민관 직권과 집정관에 상당하는 직권을 부여하여 후계자 문제가 혼란을 일으키지 않도록 충분히 준비했습니다. 수도 안에서는 호민관 직권이 신체의 신성불가침성을 보장하고, 수도 밖에서는 집정관에 상당하는 직권으로 최고 권력을 누릴 수 있었기 때문입니다.

염두에 두었던 후계자 후보를 잇따라 잃어버린 아우구스투스가 본의는 아니지만 최종적인 후계자로 지명하여 양자로 맞아들인 이가 티베리우스였습니다. 그는 아우구스투스처럼 신중하고 세심한 사람이었을 뿐 아니라 파르티아와의 전쟁, 그리고 라인 강 방면이나 발칸 반도에서 빛나는 전과를 올려 '불패의 인간'으로 불릴 정도로 뛰어난 장군이었습니다. 그러나 정치가로서의 역량은 거의 미지수였습니다.

그런 티베리우스가 후계자가 되기까지는 우여곡절이 있었습니다. 타고나기를 내성적이고 세심했던 티베리우스는 28살 때, 아우구스투스의 딸 율리아와 강요된 결혼을 하면서 이전보다 더 조심스럽게 행동하게 되었습니다. 율리아가 전남편 아그리파와의 사이에서 얻은 가이우스와 루키우스는 아우구스투스의 양자가 되어 후계자로 지명되었습니다. 티베리우스에게 율리아는 아내이면서도 장차 자신이 모셔야 할 황자의 어머니였던 것입니다. 그래도 둘 사이에 아이가 생길 때까지는 정상적인 부부로 지냈지만 아이가 먼저 죽은 뒤로는 율리아의 분방함을 억누를 수 없었습니다. 내향적인 성격이 염세적인 강박관념으로 변하면서 티베리우스는 처음으로 자기주장을 내세우게 됩니다. 그렇지만 이는 로도스 섬으로 8년간(기원전 6년경~서기 2년) 도피한다는 소극적 주장이었고, 이것이 그로서는 가장 큰 저항이었습니다. 게다가 가이우스와 루키우스가 사망함으로써 서기 4년에 드디어 아우구스투스의 후계자로 지명되었을 때는 조카 게르마니쿠스를 티베리우스 자신의 후계자로 삼기를 강요받았습니다. 율리우스 가문을 굳건한 세습왕조로 만들기 위해 아우구스투스가 취한 혼인 정책의 가장 큰 희생자가 티베리우스였던 것입니다. 희생자 특유의 내성적이고 음울한 성격은 56살에 최고 권력을 손에 넣어도 바뀌지는 않았습니다.

30대부터 40대의 중요한 시기를 로도스 섬에서 보내고 수도에 돌아와서는 곳곳을 전전했기 때문에 정치가로서의 경험을 쌓을 기회는 제한되어 있었습니다. 그럼에도 제위에 오른 티베리우스에게는 조속히 해결해야 할 과제가 놓여 있었습니다. 수도 로마에 필요한 식량 확보와 재정의 건전화였습니다.

식량 확보와 해상 수송

수도 로마의 인구는 카이사르 시대부터 급격히 증가했습니다. 기원전 130년에 37만 5천 명이었던 인구가 아우구스투스 시대에는 약 100만 명으로 팽창했습니다. 인구 폭발이라는 말이 상징하듯 역사상 전에 없는 인구 증가에 시달리고 있는 오늘날에도 한 도시에서 이만큼 인구가 는다는 것은 놀라운 일인데, 큰 변화가 없는 고대에는 더더욱 놀라운 일이었습니다. 인구가 증가하면서 식량 소비도 급격히 늘어나자 아우구스투스는 곡물 담당관 등의 신설, 곡물 창고 증설, 항만 시설 개선과 곡물 수송선 건조 등 여러 가지 방책을 마련했지만, 그럼에도 식량 부족 현상을 근본적으로 해결할 수는 없어 폭동이 일어날 것 같은 해도 있었습니다.

티베리우스도 그런 상황을 충분히 인식하고 있었습니다. 특히 밀의 대부분을 해외 속주에 의존하고 있었으므로 안정적으로 공급하려면 대단한 노력을 쏟아야 한다는 것도 잘 알고 있었습니다. 원로원에 보낸 서간에서 그는 다음과 같이 지적하고 있습니다.

이탈리아는 해외 영토의 원조로 유지되고 있으며, 로마 시민의 생활이 매일 불안정한 날씨의 자비에 크게 좌우되고 있다는 사실을 어느 한 사람 지적하지 않는다. 그리고 먼 훗날 만약 속주의 풍부한 수확이 주인과 노예와 경작지를 지탱할 수 없게 된다면, 우리들의 정원과 별장이 우리를 지킬 수 있을 것인가.(타키투스, 『연대기』 제3권 54)

티베리우스는 수도의 경제 기반이 취약하다는 사실을 잘 알고 있었으므로 식량 공급을 주관하는 관리를 독려하여 속주에서 밀을 안정적으로 들여오도록 했지만, 그럼에도 19년, 22년, 32년에 수도에서는 심각한 식량 부족 현상이 나타났습니다. "얼마나 많은 속주에서, 그리고 아우구스투스보다도 얼마나 많이 밀을 수입했던가."(타키투스, 『연대기』 제6권 13)

늘어나는 수요를 따라가지 못하자 티베리우스는 개탄하는 수밖에 없었습니다. 그렇게 된 가장 큰 이유는 로마의 외항인 테베레 강 하구의 오스티아가 충분한 항만 시설을 갖추지 못해 하역 능력에 한계가 있었기 때문입니다. 클라우디우스(재위 41~54)가 오스티아에 새로운 항구를 건설하기까지는 근본적인 개선에 이르지 못했지만, 티베리우스는 그 밖에 가능한 대책을 대부분 실시했습니다.

당시 수도 로마에는 어느 정도의 밀이 필요했고 어디에서 어떻게 운반해왔을까요? 여러 가지 추정이 있지만 널리 인정되고 있는 설에 따라 이 문제를 생각해봅시다.

인구 100만 명의 수도 로마가 속주에 의존한 밀은 매년 42만 톤이 넘었다고 합니다. 그중 4개월분, 즉 약 14만 톤은 이집트에, 나머지는 생산량이 증가하고 있던 북아프리카에 의존하고 있었습니다. 일찍이 수도 로마의 중요한 곡창 지대였던 시칠리아와 사르데냐는 1세기 전반에 그 역할이 끝났습니다.

42만 톤이라는 대량의 밀을 운반하는 수단은 선박이었습니다. 물론 철도나 트럭이 없었던 고대에 대량의 물자 운반은 바닷길을 통해서만 가능했습니다. 바다를 통해 운반하는 비용을 육로로 운반하는 것과 비교하면 약 30분의 1밖에 안 든다는 계산도 있습니다. 만약 육로로 운반했다면 이집트나 북아프리카에서 오는 밀은 서민의 식탁에 오르지 못했을 것입니다. 이 사실만 봐도 로마 제국이 얼마나 지중해라는 평온한 바다의 혜택을 누리고 있었는지 알 수 있습니다.

봄부터 가을까지 지중해가 호수와 같이 평온한 시기에 적재량이 100톤에서 300톤인 배가 밀을 싣고 옵니다. 적재량 300톤의 배라 해도 1400척의 배가 당시 수도 로마의 가장 큰 외항인 나폴리 만의 푸테올리(현재의 포추올리)에 짐을 가득 싣고 도착했습니다. 매년 4월 초순, 이집트나 북아프리카에서 밀을 실은 첫 배가 도착하면 사람들은 항구에서 축제와 같은 환영 행사를 열었다고 합니다. 이 푸테올리에서 소형 선박에 옮겨 실은 밀이 오스티아로 운반되고 거기에서 테베레 강을 거슬러올라가 로마에 도착했습니다.

재정 문제　　　아우구스투스의 유서가 공표되었을 때, 티베리우스는 국가 재정이 어렵다는 사실을 몰랐던 것으로 보입니다. 왜냐하면 친위대 병사에게 1천 세스테르티우스, 도경대 병사에게 500세스테르티우스, 군단병에게 300세스테르티우스를 하사하도록 유서에 적혀 있었음에도 불구하고 티베리우스는 대범하게도 그 배에 해당하는 금액을 주겠다고 약속했기 때문입니다. 그러나 이 약속은 재정 사정을 알게 되면서 파기되었습니다.

재정이 악화된 것은 정치적 안정을 위해 과잉이라고 할 만큼 지출이 많았고, 제국 곳곳에 도시를 건설하고 수도 정비를 위해 수많은 건설 사업을 추진했기 때문입니다. 재정 회복을 목표로 티베리우스가 취한 조치는 다음과 같았습니다. 속주에서의 징세 강화, 유죄 판결에 따른 부자 재산의 철저한 몰수, 그리고 세출 억제였습니다. 그중 속주에서의 징세 강화가 가장 효과적인 대책이었지만 속주 주민의 반발이 심해 성공하지 못했습니다. 재산 몰수는 쉽고 확실한 수단이었지만 재정 규모로 볼 때는 미미한데다 부유층, 즉 원로원계급의 반발을 불러일으킬 위험이 있어 결국 철저하게 할 수는 없었습니다. 따라서 마지막의 세출 억제만 실시되었습니다.

카이사르와 아우구스투스가 빈번하게, 그리고 돈을 물 쓰듯 쓰며 성대하게 개최한 검투사 경기나 맹수의 싸움도 절약의 대상이 되었고, 시민에게 주는 하사금(콘기아리움)도 24년에 걸친 통치 기간 중 세 번밖에 내리지 못했습니다. 또 친위대 군영 외에는 이렇다 할 건설 사업도 하지 못해, 도시 전체가 공사 현장 같았던 아우구스투스 시대와는 대조적인 상황이었습니다.

그러면 당시 로마 제국의 재정 규모는 어느 정도였을까요? 충분한 자료가 남아 있지 않아 막연하게 추측할 뿐이지만 그 지표의 하나가 병사의 급료 총액입니다.

로마 정규군은 아우구스투스에 의해 28개 군단으로 축소되었는데, 그럼에도 1개 군단이 6천 명이라고 하면, 16만 8천 명이라는 병사가 있었습니다. 이들 군단을 유지하는 데만도 병사 1인당 900세스테르티우스의 연봉을 지급하고 있었으므로 1억 5천만 세스테르티우스 이상이 필요했습니다. 게다가 군단 병사보다 대우가 좋은 친위대 병사와 상당한 수의 보조 군단 병사가 있었으므로 병사들에게 지급할 급료만으로도 분명 2억 세스테르티우스가 넘었던 것입니다. 이 금액을 재정 지출 총액의 몇 퍼센트로 보느냐에 따라 재정 규모는 크게 달라지지만 어쨌든 상당한 규모였습니다.

친위대

친위대로 불릴 만한 부대가 로마군에 존재하게 된 것은 기원전 2세기 무렵부터입니다. 전군을 지휘하는 장군을 호위하는 것이 목적이었습니다. 다만 상설 부대는 아니고 일반적으로 전쟁이나 원정 등 각각의 군사 활동이 있을 때 편제되어 군사 활동이 끝나면 해산했습니다. 임시로 편제된 친위대를 상시적 조직으로 바꾼 것은 아우구스투스입니다. 기원전 27년, 그는 이탈리아 출신 병사들로 구성된 9개 대대(각 대대는 500~1천 명)의 친위대를 조직하여 수도 로마 주변에 배치하였습니다. 그리고 아우구스투스가 임명하는 기사계급 2명의 친위대장이 지휘를 맡았습니다.

티베리우스는 황제 경호를 좀더 강화하기 위해 수도 시가지를 막 벗어난 곳에 친위대 군영(카스트라 프라이토리아)을 건설하여 분산 배치되어 있던 친위대를 이 군영에 한데 모았습니다. 그리고 막사와 사령부 건물이 정연하게 서 있는 16헥타르의 땅에 높이 4.7미터의 견고한 콘크리트 벽을 세워 둘러쌌습니다. 벽돌을 이용한 콘크리트 공법은 공화정 말기부터 몇몇 건물에 사용되고 있었는데 대규모 건조물 전체에 사용된 것은 이것이 처음이었고, 시민들은 그 고압적인 벽에서 친위대의 위력과 권세를 실감했습니다.

수도 주변에 존재하는 압도적인 규모의 군사 집단이

된 친위대는 이때부터 정치적 영향력을 행사할 수 있는 집단이 되었습니다. 그 결과, 클라우디우스의 즉위에 결정적인 역할을 했고 이후의 황제 즉위에도 큰 영향력을 발휘했습니다. 또 그보다 먼저 티베리우스의 시대에도 이미 무시할 수 없는 세력이 되어 있었습니다.

시기와 의심이 강하고 본심을 다른 사람에게 털어놓는 법이 없었던 티베리우스가 유일하게 마음을 허락한 이가 친위대장 세야누스였습니다. 그는 그 기대에 부응할 만한 능력이 있었고, 그 증거로 자신이 데리고 있는 병사들을 완벽하게 장악하고 있었습니다. 이 남자에게 로마를 맡길 결심을 한 티베리우스는 27년, 카프리 섬에 은거합니다. 최고 권력자가 없는 로마에서 친위대를 앞세운 세야누스의 횡포에 맞설 용기가 있는 자는 없었고, 특히 29년에 아우구스투스의 아내 리비아가 86살로 세상을 뜨자 세야누스의 야망은 끝없이 부풀어갔습니다. 티베리우스의 후계자로 지목된 게르마니쿠스의 장남 네로와 그의 모친 아그리피나를 추방했을 뿐 아니라 최고 권력자의 권력 기반인 호민관 직권까지 손에 넣으려고 획책하기 시작한 것입니다. 그 직권마저 획득하면 원로원을 소집하고 티베리우스를 대신하여 의결을 주도할 수 있게 됩니다. 그러나 세야누스의 음모가 최종 단계에 이르기 직전, 겨우 그의 야

망을 알아차린 티베리우스는 31년에 수도로 돌아와 세야
누스와 그 일족을 단죄하여 음모를 저지했습니다. 이때에
비로소 23년에 벌어진 티베리우스의 아들 드루수스의 죽음
이 세야누스의 간계에 의한 독살이라는 것이 판명됩니다.

　　이 사건 이후 더욱 의심이 깊어진 티베리우스는 여러
명의 원로원 의원들을 반역죄로 처형하여 원로원과의 관
계는 계속 악화되었습니다. 공포 정치라고도 할 수 있는
이런 상황에서 티베리우스는 후계자로 게르마니쿠스의 아
들 칼리굴라를 지명하고 77년의 생을 마쳤습니다.

구경거리를 좋아한 황제 칼리굴라

아우구스투스부터 헤아리면 3대째 황제인 가이우스(재위 37~41)는 오히려 칼리굴라라는 귀여운 이름으로 역사에 그 이름을 남겼습니다. 칼리굴라는 부친인 게르마니쿠스를 따라 게르마니아 군영에 간, 아장아장 걷는 아기가 신고 있었던 작은 군화를 가리키는 말이었습니다. 치열한 전투 속에서 그 아기는 병사들의 마스코트 같은 존재였습니다.

　　쾌활하고 유능한 장군으로서 병사들의 절대적인 지지
를 받았던 게르마니쿠스의 아들 칼리굴라는 즉위하고 나

서 약 6개월간은 모든 국민이 기다려 마지않던 이상적인 황제였습니다. 티베리우스의 유서는 무효가 되었음에도 불구하고 거기에 기록되어 있던 친위대 병사에게 주는 하사금 1천 세스테르티우스는 두 배로 지급되었고, 수도 시민에게도 300세스테르티우스가 주어졌습니다.

거금을 들여 다시 지은 폼페이우스 극장과 가설 경기장(이 시대에 아직 콜로세움은 없었습니다)에서 연극이나 검투사 경기가 개최되었고, 가장 인기가 높았던 전차 경주도 키르쿠스 막시무스(대경마장)에서 자주 열렸습니다. 티베리우스가 긴축정책을 취함에 따라 오락에 굶주려 있던 시민들은 칼리굴라의 성대한 향연을 가뭄의 단비처럼 환영했습니다.

이러한 즉위 직후의 효과적인 시책은 유능한 후견인들의 조언에 따른 것이었습니다. 그들은 티베리우스 시대 말기에 시민들이 품은 불만을 잘 알고 있었고, 또 황제의 금고에 27억 세스테르티우스나 되는 거금이 잠자고 있음을 알고 있었기 때문입니다. 그 액수는 당시 연간 국가 지출의 수 년치에 해당하는 거액이었는데 티베리우스가 과도하다고 할 만큼 긴축재정을 실시한 덕분이었습니다.

풍부한 자금은 오락을 제공하는 데만 활용된 것은 아니었습니다. 티베리우스가 착공했지만 완성되지 못했던

검투사 경기를 표현한 모자이크 중앙에 있는 사람은 심판이다.(톨리아, 라인 주립 미술관)

아우구스투스 신전의 완공, 클라우디아 수도와 아니오 노우스 수도의 착공(모두 클라우디우스가 완성시킵니다), 그리고 테베레 강 우안의 재개발 등에도 나섬으로써 사회 기반 정비와 도시 지역 확대를 꾀했습니다.

한편, 칼리굴라는 지극히 개인적인 취향과 유흥에도 많은 돈을 낭비했습니다. 이집트에서 300톤이 넘는 오벨리스크를 운반해와 경마장에 설치하기 위해 적재량이 1천 200톤이나 되는 배를 건조하거나 로마 근교의 네미 호수에 거대한 연회용 배를 띄우기도 했습니다. 또 나폴리 만의 푸테올리에서 바이아까지 수송선을 두 줄로 늘어놓아 길이 3킬로미터가 넘는 배다리를 만들었습니다. 그런 다음 그 위에 흙을 쌓아서 아피아 가도 같은 도로로 완성했는데, 단지 이틀 동안의 구경거리를 위해서였습니다. 칼리굴라는 첫날 말을 타고 이 배다리를 통해 바이아로 건너간 다음 그 이튿날 두 마리의 말이 끄는 마차를 타고 푸테올리에 돌아왔는데 그저 득의만면했다고 합니다.

즉위하고 6개월이 지난 늦가을, 칼리굴라는 큰 병에 걸려 약 두 달 동안 병상에서 보내게 됩니다. 그동안 후견인들이 정치를 도맡았습니다. 그러나 병에서 회복한 칼리굴라는 그들이 통치권을 가로채려 했다면서 처단합니다. 유능한 조언자를 자신의 손으로 없애 충고를 하는 사람이 사라지자, 칼리굴라의 도를 넘는 잔혹한 행위는 멈출 줄 몰랐고 광기라고 할 수밖에 없는 행동을 계속했습니다.

사태를 우려한 원로원은 칼리굴라에 분명히 반대하는 태도를 보였고, 칼리굴라는 원로원 의원 전원을 처단하려고 했습니다. 어느 쪽이든 희생될 수밖에 없을 만큼 사태가 긴박했던 41년 1월, 칼리굴라는 친위대에 의해 암살당하고 말았습니다. 단기간의 치세 중 칼리굴라가 한 일이라고는 국고를 텅 비게 한 것, 황제를 폐위할 때도 친위대의 협력이 필요하다는 것을 입증했다는 것밖에 없었습니다.

문인 황제
클라우디우스

칼리굴라가 친위대에 의해 살해되었을 때, 궁전의 한 방에 숨어 있던 클라우디우스는 병사들에게 발각되자 친위대 군영으로 도망칩니다. 한편, 원로원에서는 칼리굴라의 폭거에 질려 정치 체제를 예전의 공화정으로 되돌리는 문제를 검토하기 시작했습니다. 공화정으로 돌아갈 경우 가장 곤란한 것은 아우구스투스의 피를 이은 율리우스 클라우디우스 일족과 친위대였습니다. 황제를 지키기 위해 조직된 친위대는 황제가 없어지면 그 존재 의의 자체가 사라지기 때문입니다. 즉 클라우디우스와 친위대의 이해관계가 맞아떨어진 것입니다. 그 사실을 충분히 인식하고 있던 원로원은 도경대의 호위를 받으며 회의를 계속했지만 친위대의 상대가 못 되었습니다. 친위대의 보호 아래 클라우디우스가 원로원에 출석하자 회의장 밖에서 "황제 클라우디우스 만세"라는 병사들의 환성이 터져나왔고, 공화정 복고에 대해 논의중이던 의원들도 클라우디우스의 황제 즉위를 인정할 수밖에 없었습니다. 그리하여 칼리굴라의 숙부이자 이미 51살이 된 새로운 황제가 탄생했습니다. 단, 황제가 되면서 클라우디우스는 친위대 병사들에게 한 사람당 1만 세스테르티우스를 하사하기로 약속했습니다. 즉 클라우디우스는 제위를 돈으로 산다는 나쁜 예를 만들었던 것입니다.

황제에 즉위한 클라우디우스(재위 41~54)를 가장 먼저 놀라게 한 것은 텅 빈 국고와 수도 로마에 저장되어 있는 밀이 8일치밖에 없다는 사태였습니다. 칼리굴라의 성대한 향연을 생각하면 텅 빈 국고는 당연한 것이었지만 8일치의 밀은 너무도 적은 양이었습니다. 그도 그럴 것이 클라우디우스가 즉위한 1월, 지중해는 매우 거칠었고 바다가 평온해지는 4월까지 들여올 수 있는 밀은 아주 적었기 때문입니다. 즉위한 시점에는 적어도 두 달치 밀이 필요했습니다. 전임 황제들과 똑같이 클라우디우스는 여러 가지 조치를 취했고, 동시에 밀 수송의 거점이 된 오스티아 항을 새로 건설하여 수도의 식량이 부족해지지 않도록 근본적인 해결책을 모색했습니다.

건강하지도 않고 용모도 볼품없고 말솜씨도 없어 일족의 지지를 얻지 못했던 클라우디우스였지만 연설만큼은 품격과 박식함이 넘쳤습니다. 황제가 되기 전에는 공적 활동을 해야 할 시간에 독서만 했기 때문이겠지요.

역사, 문학, 로마의 오랜 관습에 정통한 문인 황제 클라우디우스는 대국 로마에 어울리는 행정권을 강화하고, 국고 관리를 간소화하고 따로 독립시켰으며, 제국의 영토를 확대하는 커다란 임무를 완수했습니다. 이러한 개혁과 정비, 그리고 영토의 확대에 의해 황제의 권력이 한층 더 강화되었음은 말할 필요도 없겠지요.

클라우디우스는 학문과 정치 분야에서 나름의 성과를 올렸지만 결혼 생활은 참담했습니다. 40대 후반에 결혼한 세번째 아내 메살리나와의 사이에는 즉위한 해에 태어난 아들이 있었습니다. 쉰이 넘어 장남을 얻은 클라우디우스의 기쁨은 너무나 커서 아내의 요구를 뭐든지 들어주었습니다. 그래도 만족할 수 없었던 메살리나는 그녀에게 거역하는 사람을 추방했을 뿐 아니라 부호와의 결혼을 계획하여 남편 클라우디우스를 죽이기 위해 음모를 꾸밉니다. 다행히 실행 이전에 발각되어 메살리나는 처단되었습니다.

그런 사건이 있었지만 클라우디우스는 아내를 다시 또 얻기로 합니다. 이번 상대는 조카인 아그리피나, 즉 칼리굴라의 여동생이었습니다. 그녀에게는 이미 국민적 영웅 게르마니쿠스의 손자에 해당하는 아들 네로가 있었고, 그 아들을 제위에 올리는 것이 이 결혼의 가장 큰 목적이었습니다. 유일한 난관은 클라우디우스에게 전처와의 사이에서 얻은 아들이 있다는 사실이었습니다. 어느 아들을 황제로 삼느냐를 두고 궁정은 둘로 갈라져 암투가 일어났고, 결국 아그리피나는 남편 클라우디우스를 암살하여 아들 네로를 황제로 만드는 데 성공했습니다. 54년 10월의 일이었습니다.

네로 황제의 시대

네로가 즉위 이후 모친인 아그리피나를 암살하기까지 첫 5년은 후대의 현제들로부터도 가장 좋은 정치가 이루어진 시대로 높이 칭송받았습니다. 사실 네로는 즉위했을 때 아우구스투스 정치로의 복귀를 계획하여 원로원에서도 그렇게 하기로 선언했습니다. 즉, 기원전 27년에 제정된 원로원 관할 속주와 아우구스투스가 관할하는 속주를 명확하게 분리하여 재판도 각각 관할하는 제도로의 복귀였습니다. 아우구스투스 사후, 황제의 권력이 서서히 원로원 관할 속주에 침투하고 있던 상황에서 원로원의 권위와 기능을 보장하는 이 제도로의 복귀는 의원들을 기쁘게 했고, 그들은 네로를 한없이 칭송했습니다. 하지만 17살의 네로가 당시의 정치 상황을 파악하여 원로원 의원들을 감탄시킬 만한 정책을 만들어냈을 리 없습니다. 이것은 분명히 스토아학파 철학자이자 당대 최고의 저술가였던 세네카(네로의 가정교사이자 후견인이기도 했습니다)의, 현실을 꿰뚫어본 상황판단에서 나온 것으로 보입니다.

첫 5년 동안은 아우구스투스 정치로의 복귀 선언과 같

은 보수적 정책과, 간접세 경감 같은 세제 개혁 등의 혁신적 정책이 균형을 이룬 안정기로서, 변경에서 군사적 충돌이 적었다는 것도 선정으로 칭송받는 이유 가운데 하나였습니다. 안정된 상황에서 네로가 가장 신경쓴 것은 수도에 거주하는 시민의 동향입니다. 그들을 만족시키려면 '빵과 서커스', 즉 충분한 식량과 오락을 제공해야 했습니다. 식량 문제는 오스티아에 새 항구가 생겼기 때문에 이전보다 상당히 개선되었습니다. 오락도 가능한 한 모든 것들을 제공했습니다. 그보다 관객으로서, 혹은 배우나 경기자로서 오락에 참가하는 것은 네로의 사는 보람 자체였으므로 오락에 공을 들이는 방식이 이제까지의 황제들과는 달랐습니다.

세네카와 친위대장이라는 두 후견인이 제국의 근간을 이루는 두 조직, 즉 원로원과 군대를 각각 장악하고 있는 한 네로의 정치에 문제는 없었습니다. 그러나 17살이었던 젊은이는 5년 사이에 급속히 성장하여 이윽고 후견인을 멀리하게 되었을 뿐 아니라 독자적 판단에 의한 행동도 점차 늘어났습니다.

자아에 눈뜨고 자신이 가진 권력의 거대함을 자각하게 된 네로는 미모와 재능으로 이름 난 포파이아에게 연정을 품게 됩니다. 자존심과 독점욕이 강한 그녀는 네로에게 모친의 간섭에서 벗어나도록 부추겼고, 이에 아그리피나는 필사적으로 아들을 붙잡으려 노력했습니다. 여자들 사이의 암투는 59년 3월, 황제 일족의 별장이 늘어선 나폴리 만에서 아그리피나가 암살되는 결말을 맞이합니다.

아그리피나가 암살되며 압력에서 벗어난 네로는 내키는 대로 행동하기 시작했습니다. 연극과 검투사 경기 등의 오락을 더 많이 제공했고, 넓고 장대한 궁전의 건설에 착수합니다. 그 첫번째가 팔라티누스 언덕의 궁전과 녹음이 우거진 북쪽 언덕을 연결하는, 길이 1킬로미터나 되는 황제 전용의 회랑 궁전입니다. 이 궁전이 완성되고 얼마 지나지 않아 로마에서는 이제껏 없었던 대화재가 일어납니다. 64년 7월 19일 일몰 무렵이었습니다. 이 화재는 엿새나 계속되어 시가지 대부분이 불탔습니다.

불에 타 허허벌판이 된 로마를 재건하기 위해 네로는 '신도시 계획'을 세워 방재 도시를 만들고자 했습니다. 화재가 번지는 것을 막기 위해 거리의 폭을 넓히고, 주택과 주택을 나누는 벽을 방화벽으로 만드는 계획이었습니다. 이 계획을 완성시킬 수 있었다면 네로는 후세에 로마의 재건자로서 높이 평가받을 수 있었을 것입니다. 그러나 이미 정치에 대한 관심을 잃고 개인적인 취미와 정념의 포로가 된 네로가 가장 정열을 쏟은 것은 신도시 계획이 아니라 자신이 기거하기 위한 황금 궁전(도무스 아우레아)의 건설이었습니다. 80헥타르나 되는 토지를 수용하여 온갖 사치를 다 부린 궁전을 세우고 그 주위에 푸른 정원과 인공 호수를 배치했습니다. 화재로 집을 잃은 많은 시민들로부터 비난을 산 것은 당연했습니다. 게다가 복구 사업을 진행하기 위한 자금을 확보하기 위해 증세를 단행했으며, 대부호들을 잇따라 처형하여 그 재산을 몰수했습니다.

비난과 반감을 줄이기 위해 뭔가 대책을 마련해야 했습니다. 그러나 네로는 유효한 대책을 세우기는커녕 66년 말에 수도를 뒤로하고 그리스 여행을 떠납니다. 시인으로서, 음악가로서의 재능을 키우기 위해 그리스 곳곳의 무대에 서기 위해서였습니다. 15개월이 넘도록 황제가 그리스에 머물자 수도의 시민들은 네로를 완전히 포기해버렸습니다. 그것을 깨달은 군단 병사들은 서방 속주의 총독들을 황제로 추대하며 각지에서 반란을 일으켰습니다. 군단과 친위대 병사뿐 아니라 추종자와 시민들로부터도 버림받은 네로는 68년 6월 9일 동틀 무렵에 로마 근교에서 스스로 목숨을 끊었습니다.

아우구스투스가 만든 강력한 통치 구조의 중심에 군림해온 율리우스 클라우디우스 왕조는 네로의 죽음으로 그 막을 내렸습니다. 그러나 율리우스 클라우디우스 왕조가 종언을 맞아도 로마 제국 자체가 흔들리는 일은 없었습니다.

로마의 새 외항, 포르투스

제국 전체를 보면 제정 시대에 들어서면서부터 밀 생산량은 착실히 증가하고 있었습니다. 식민시 건설과 함께 주변 경작지를 정비했고, 대토지소유제로 더 효율적으로 경작하게 되었기 때문입니다. 그럼에도 수도 로마에서는 종종 밀이 부족했습니다. 도시 인구가 팽창하고 1인당 소비량도 증가했기 때문입니다. 클라우디우스는 밀이 부족하지 않도록 여러 가지 대책을 고민했습니다. 예를 들어 당시로서는 중형급 선박에 속하는 80톤 정도의 화물선을 건조하도록 보조금을 주어 장려했습니다. 이런 크기의 배라면 연안을 따라 겨울에도 밀을 운반할 수 있었기 때문입니다. 이와 같은 장려책뿐 아니라 로마의 아킬레스건을 본격적으로 제거하는 대공사에도 착수했습니다. 테베레 강 하구를 끼고 오스티아 반대편에 들어설 항구와 항구도시, 즉 포르투스의 건설입니다.

착공이 클라우디우스 즉위 다음해인 42년이라는 사실만 보아도 이것이 얼마나 긴급한 사업이었는지 알 수 있

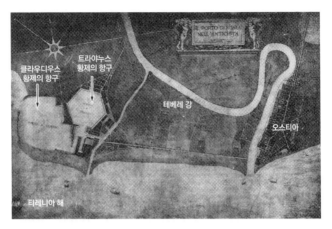

로마의 외항 오스티아와 포르투스의 상상복원도 (출처: G. 칼자 외, 『오스티아 발굴Scavi di Ostia』, 1953)

습니다. 제1기 공사는 4년 후인 46년에 끝났습니다. 해안에서 뻗어나온 방파제로 둘러싸인 항구의 면적은 100헥타르에 가까웠고 200척 이상의 대형 선박이 정박할 수 있었다고 합니다. 방파제의 가운데 부분에는 거대한 등대가 있고, 부두 주변에는 곡물 창고나 운송업자의 사무실이 늘어서 있었습니다.

카이사르가 착공을 시도했고, 아우구스투스가 건설이 필요하다는 것을 알면서도 착공할 수 없었던 항구를 정치가로서는 훨씬 못 미친다고 할 수 있는 클라우디우스가 실현할 수 있었던 것은, 그들의 시대와 비교하여 제국 전체가 충분히 안정되고 변경에서의 분쟁이 크게 줄어든 사회적 배경과 함께 행정을 통괄하는 황제의 지위가 확립되어 있었기 때문입니다.

클라우디우스가 만든 항구는 네로 시대에 더욱 충실한 항만 시설로 발전했지만 62년에는 태풍으로 정박중이던 배가 모두 침몰하는 피해를 입었습니다. 이 때문에 트라야누스(재위 98~117)는 클라우디우스가 만든 항구 안쪽에 평면이 육각형인 항구를 건설하여 폭풍우에도 항구가 안전하도록 시설을 보완했습니다. 또 이 항구에서 직접 테베레 강으로 연결되는 운하를 만들어 강을 오르내리는 배가 더 쉽게 왕래할 수 있도록 했습니다.

관료 조직

로마 제국에는 엄밀한 의미에서 관료 제도가 없었습니다. 원로원에는 법무관, 조영관, 재무관 등 정무관 제도가 있어 의원들의 호선으로 연령에 따라 선출되었습니다. 직책 이름에서 알 수 있듯이 이들은 각각 재판, 건설 사업 및 치안, 국고 관리 등을 담당했습니다. 그러나 모든 직책의 임기는 1년이었기 때문에 전문 지식을 충분히 축적하기가 쉽지 않았고, 더욱 복잡해진 제국의 행정 시스템을 유지하기가 어려워졌습니다. 예를 들어 수도의 민사재판은 수도 법무관이 담당했지만 제정 시대가 되면 임기가 긴 기사계급 출신의 도독과 친위대장이 실질적인 역할을 맡게 됩니다.

재정도 마찬가지였습니다. 클라우디우스는 국고 관리의 간소화와 독립을 위해 2명의 국고 담당 재무관을 원로원 의원 중에서 선임했습니다. 이것은 표면적으로는 공화정 시대의 제도로 회귀하는 것 같은 인상을 주지만, 실제로는 공직에 갓 취임한 젊은이를 매년 황제가 선임했기 때문에 실질적으로는 황제가 더 깊이 관여하게 되었음을 의미합니다. 게다가 클라우디우스 이전에는 지역이나 수입원에 따라 몇 개로 나뉘어 있던 황제 금고를 하나로 통합하여 간소화하고 더 효율적으로 만들었습니다. 황제 속주에서 나오는 수입뿐만 아니라 원로원 관할 속주에 있는 황제령에서 나오는 수입도 있었기 때문에 이 금고는 국고를 능가하는 규모로까지 발전했습니다. 이 금고를 실질적으로 관리한 것은 재무관이 아닌 황제가 임명한 재무장관이었습니다.

한편, 광대한 제국을 통치하기 위해 효율적인 행정 관리, 즉 집권화가 추진되어 황제의 권력은 더욱 커져갔습니다. 클라우디우스 시대에는 방대한 행정 사무를 처리하는 조직이 정비되었고, 그 정비에 의해 권력이 더욱 확대되었습니다. 황제가 관할하는 행정의 경우에는 유능한 해방노예를 많이 거느린 기사계급 가운데 클라우디우스의 신임이 두터운 사람들에게 운영과 관리를 맡겨 황제 관료단이라고도 할 수 있는 조직이 형성되었습니다. 그 조직은 적어도 다섯 개의 담당 부서, 즉 내무, 재무, 법무, 진정 접수, 그리고 문교로 나뉘어 있었습니다. 내무는 황제와 속주 사이에 오가는 서신, 보고서, 의결서 등을 작성하고 관리하는데, 내무장관인 그리스인 해방노예가 황제 행정의 중심인물로서 실권을 가졌습니다. 또 재무장관에도 그리스인 해방노예가 임명되어 재정을 관리하는 중임을 맡아 큰 권력을 휘둘렀습니다. 두 사람의 강대한 권력은 그만큼 그들의 권익을 보장하기도 했습니다. 그래서 국고가 비었을 때, 클라우디우스의 고민을 들은 어느 남자는 그 두 사람의 재산과 황제 금고를 합치면 돈은 남아돌게 될 것이라고 비아냥거렸을 정도입니다.

황제 관료단이 정비되고 충실해지면서 팔라티누스 언덕의 궁전에는 큰 공간이 필요해졌습니다. 다행히 티베리우스가 넓은 궁전을 신축하고 칼리굴라가 증축해두었기 때문에 클라우디우스가 새로 손을 댈 필요는 없었습니다. 그럼에도 공공 건축 관리 사무소나 상수도 관리 사무소는

궁전 밖에 둘 수밖에 없을 정도로 황제 관료단의 규모는
계속 커졌습니다.

**노예와
해방노예**
노예 제도는 왕정 시대부터 존재했
지만 노예의 수가 급격히 늘어난 것
은 기원전 2세기에 들어서부터입니
다. 소아시아, 그리스, 마케도니아, 시리아, 북아프리카의
전쟁에서 포로가 된 사람들이 로마 사회에 노예로 편입
되었기 때문입니다. 노예의 증가는 기원전 1세기까지 지속
되는데 제정 시대에 접어들면서 정복 전쟁이 감소하여 새
로운 노예의 유입도 줄어들게 됩니다. 또한 노예 사이에서
태어난 아이들이나 버려진 아이들이 노예 공급원이 되었
습니다.

로마 사회의 노예는 공노예와 사노예로 크게 나눌 수
있습니다. 공공 시설의 청소와 유지, 행정 사무, 죄인의 처
형 등에 종사하는 공노예는 일반적으로 사노예보다 더 혜
택을 받고 있었습니다. 또 사노예라도 가내 노예는 농사나
채석 일을 하는 노예만큼 중노동을 하지는 않았습니다. 그
렇지만 노예는 어디까지나 주인이 소유하는 재산으로서
자유가 대폭 제한된 것은 마찬가지였습니다. 도망치거나

반항하거나 도둑질 등을 하면 채찍으로 맞을 뿐 아니라 주인에게 살해되는 경우도 있었습니다. 그러나 2세기 초반에 하드리아누스는 노예의 생살여탈권을 주인으로부터 거둬들여 재판에 준한 절차를 밟도록 했고, 4세기 초반에 콘스탄티누스는 노예 살해를 살인으로 규정했습니다.

제정 시대의 노예 수는 어느 정도 규명되어 있습니다. 제국 전체로 보면, 동부 속주의 인구에서 노예가 차지하는 비율은 30퍼센트가 넘고, 서부 속주의 경우는 20퍼센트 이하였을 것으로 추정됩니다. 따라서 제국 전체의 인구를 5천만 명이라 한다면 노예는 1천만 명이 넘었을 것입니다. 인구의 20퍼센트 이상을 차지하는 노예는 대다수가 농업, 광업, 건설, 수공업에 종사하여 생산 활동의 중요한 부분을 쥐고 있었으므로 제정시대 로마 사회와 경제를 생각할 때는 노예의 존재를 무시할 수 없습니다.

노예는 생산 활동 외에도 공적인 장에서의 노동이나 가내 노동에서도 중요한 역할을 도맡았기 때문에 단순히 속박하며 강제적으로 노동을 시키기만 해서는 효율이 떨어집니다. 그래서 노예들이 일할 의욕을 가지게 할 필요가 있었고, 이를 위한 방책이 노예 신분에서 해방될 수 있다는 희망을 주는 것이었습니다. 노예 신분에서 해방된 노예는 해방노예라고 불리며 자유민과 거의 동등한 권리를 얻을 수 있었지만, 지방 도시에서 선거권 등을 가진 시민과는 차이가 있었습니다.

　노예를 해방하려면 소유자가 재판관이나 감찰관에게 신청하거나 유언에 명기할 필요가 있고 어떤 경우든 일정한 절차와 심사가 필요했는데, 아우구스투스는 해방노예가 너무 많아지지 않도록 소유하는 노예의 수에 따라 해방할 수 있는 노예 수를 정해두었습니다. 운 좋게 해방노예가 되고 나서도 이전 소유자와의 관계가 사라지는 것은 아니었고, 일족의 부하로서 주종관계 혹은 상하관계(클리엔텔라)가 유지되어 주인집의 생업을 하청받거나 분담하는 경우가 많았습니다. 또 전문적 지식이나 기술로 중앙정부의 요직에 앉기도 했는데, 앞에서 이야기한 것처럼 클라우디우스 황제 때에는 내무장관이나 재무장관으로서 실권을 쥔 해방노예도 있었습니다.

IV

역사상 가장
평화로웠던 시대

오현제의 통치

로마의 일상생활
새 고기가 매달려 있는 가게 앞에서 여성이
알을 팔고 있다. (오스티아 미술관)

플라비우스 왕조의 시대

네로가 그리스에서 시와 음악에 열중하고 있을 무렵, 팔레스티나에서는 로마의 압제에 대한 민중의 불만이 고조되어 대규모 반란이 일어났습니다. 드디어 사태가 심각함을 알게 된 네로는 그리스에 있던 베스파시아누스를 총사령관에 임명하고 6만의 병사를 팔레스티나에 투입합니다. 유능한 장군 베스파시아누스는 순식간에 유대 민족을 제압하고 최후의 목표인 예루살렘 공격에 돌입합니다. 이때 네로의 자살 소식이 전해졌습니다. 서방 속주에서는 군단이 각각 황제를 천거하고 원로원의 승인을 얻기 위해 수도로 향했습니다. 수도에 처음

도착한 것은 히스파니아의 갈바였지만 부하인 오토에게 살해되었고, 오토도 게르마니아에서 돌아온 비텔리우스 때문에 자살했습니다.

그들이 황제를 노린다면 베스파시아누스도 동등한, 아니 그 이상의 자격을 가지고 있었습니다. 수도의 상황을 신중하게 지켜보는 한편, 파견대를 이탈리아로 보내 황제 취임을 준비하게 했습니다. 주도면밀한 계획이 주효하여 69년에 베스파시아누스(재위 69~79)는 예순의 고령에도 불구하고 황제 자리를 얻는 데 성공합니다.

그가 처음 시도한 일은 네로 시대 말기와 그후의 무정부 상태 때문에 혼란이 극에 달했던 수도의 질서 회복이었습니다. 근면성실하고 친근함을 풍길 뿐 아니라 군사와 재무에 밝은 베스파시아누스는 로마 재건의 적임자였습니다.

베스파시아누스가 군사와 재무 양쪽에 능했던 것은 그가 기사계급 출신이었기 때문입니다. 그들은 군단 장교로서 군사적 임무와, 황제 관할 속주의 재무 관리자로서 행정을 두루 경험하면서 출세의 계단을 올랐습니다. 9년에 태어난 그는 트라키아 군단의 장교로서 빛나는 경력을 시작하여 25살 즈음에 벌써 원로원 의원에 발탁됩니다. 그후 51년에는 집정관을, 61년에는 속주 아프리카의 총독을 역임하는 등 기사계급으로서는 파격적인 경력을 쌓았습니다. 그러나 베스파시아누스는 아우구스투스의 후손도 아니고 귀족 출신도 아니었기 때문에 자신의 권위를 높이기 위해 세심한 주의를 기울입니다. 아우구스투스의 정식 명칭을 본떠 티베리우스나 클라우디우스가 사용하지 않았던 '임페라토르'를 황제의 정식 명칭에 덧붙였습니다. 또 재위중에 여덟 번이나 집정관에 취임하여 황제 권위의 확립에 힘썼습니다.

황제 권위의 확립은 제위 계승을 위해서도 필요했습니다. 베스파시아누스는 황제에 즉위했을 때부터 아들 티투스를 동료로서 국민들에게 널리 소개하고 '아들 외에 황제가 될 자는 없다'는 것을 공언했습니다. 베스파시아누스는 즉위했을 때부터 율리우스 클라우디우스 왕조처럼 자신의 플라비우스 가문을 왕조로 만들려고 했던 것입니다. 그의 의도대로 제위는 아들 티투스로, 티투스 사후에는 동생 도미티아누스에게 이어졌습니다. 그러나 도미티아누스는 지나친 권위주의와 과대망상으로 친위대의 신뢰마저 잃고 96년에 살해됩니다.

**빵과
서커스**

콜로세움(콜로세오)이 들어서기까지 로마에는 평소에 검투사 경기를 치를 만한 시설은 타우르스 원형경기장밖에 없었는데 거기에는 1만 명도 수용하지 못했던 듯합니다. 따라서 주요한 검투사 경기는 가설 관중석을 만들어 치르거나 대경마장을 빌려 치르는 수밖에 없었습니다. 가설로는 관객의 수용에 한계가 있었고, 대경마장은 너무 넓어 경기를 잘 볼 수 없는 관중들도 있었습니다. 그래서 본격적인 원형경기장을 빨리 지어야 했지요.

베스파시아누스가 선택한 콜로세움 건설 예정지는 네로가 황금 궁전 안에 만든 인공 호수였습니다. 황제의 인공 호수를 원형경기장으로 만듦으로써 폭군의 터무니없는 사치를 많은 시민이 향유할 수 있는 오락의 장으로 바꾼 것입니다. 긴축 재정과 증세를 해야 하는 상황에서 시민의 불만을 해소할 수 있는 건설 사업이었던 것입니다.

약 4만 5천 명의 관중을 수용할 수 있는 콜로세움은 80년에 완성하여 수도에서 검투사 경기를 치르기가 훨씬 수월해졌습니다. 콜로세움에서의 검투사 경기와 대경마장에서의 전차 경주를 합하면 경기가 열리는 날은 연간 80일이나 되었고, 2세기 후반에는 135일로 늘어났습니다. 이런 행사는 황제가 거의 무료로 제공했기 때문에 시민들로

(위) **콜로세움**(로마)

(아래) **콜로세움의 복원 모형**(로마, 문명 박물관)

콜로세움은 네로의 황금 궁전 부지에 조성되어 있던 인공 호수를 바탕으로 건설
되었다. 이미 굴착되어 있는 부분을 활용하였기 때문에 공사 기간과 비용을 크게
절약할 수 있었다.

서는 다시없는 오락이었지만 황제에게는 큰 부담이었습니다. 이런 종류의 오락을 로마인은 '키르쿠스'라 했습니다. 이는 로마가 최고의 번영을 누렸던 시대의 생활을 나타내는 '빵과 서커스' 가운데 '서커스'를 말합니다. 그러면 빵은 무엇을 의미할까요?

당시 수도 로마의 인구는 100만 명이 넘었는데 그중 20만 명 이상의 성인 남자가 밀을 무료로 배급 받고 있었습니다. 성인 남자 한 사람에 아내와 자식이 한 사람씩 있다고 한다면 약 60만 명분의 밀을 배급해야 합니다. 물론 그 부담은 황제가 졌습니다. 이 식량 무료 배급을 일반적으로 '빵'이라 하고, 황제가 시민에게 제공하는 서비스 전체를 '빵과 서커스'라고 했습니다.

절대 권력을 가진 황제가 왜 이러한 부담이 따르는 은혜를 시민들에게 베풀었던 것일까요? 그 주된 이유로 아무리 황제라도 수도에서는 일정한 인기를 확보할 필요가 있고 그 인기가 황제의 영예로 이어졌다는 것을 들 수 있습니다. 규모는 달랐겠지만 그런 은혜는 지방 도시에서도 똑같이 베풀어졌습니다. 지방 도시의 2인위원이나 조영위원에 입후보하는 유력자들은 '서커스'를 제공하여 시민의 환심을 살 필요가 있었기 때문입니다. '빵'은 각 도시가 부담했습니다. 이렇게 로마 제국이라는 넓은 범위에서 시민은

'빵과 서커스'라는 은혜를 받았습니다.

교육 제도의 정비

베스파시아누스와 티투스는 교육 제도를 정비하는 데 힘을 쏟았습니다. 그때까지 어느 황제도 손을 대지 않았던 분야이고 그래서 더욱 특별한 일이었습니다.

그렇지만 오늘날처럼 의무교육이 있었던 것은 아닙니다. 그때는 자녀 교육을 부모가 도맡았으므로 수업료를 지불할 능력이 있는 가정의 자녀들만이 교사의 교육을 받을 수 있었습니다. 이들 교사는 초보적인 읽고 쓰기나 주판을 가르치는 초등교사(리테라토르), 그리스어 혹은 라틴어 문법이나 초보적 수사학을 가르치는 중등교사(그람마티쿠스), 그리고 수사학이나 철학, 법률을 가르치는 고등교사(레토르)로 나누어졌는데, 각각의 지도 내용이나 명성에 따라 수업료도 달랐습니다. 그 밖에 기하학, 음악, 체육 등을 가르치는 학교나 상업에 필요한 산술과 속기를 가르치는 실업학교도 있었습니다. 하지만 각각의 교과를 담당하는 교사가 한 학교에 몇 명씩 있었던 것은 아닙니다. 한 명의 교사가 점포나 다락방을 빌려 운영하였으므로 오늘날의 학교와는 달랐습니다.

교사와 학생들을 묘사한 부조 (로마, 문명 박물관, 복제)
중앙의 교사 양쪽에 학생이 앉아 있다. 서 있는 인물은 책이나 문구를 넣는 상자
(캅사)를 들고 있는 것으로 보아 상자를 들어주는 노예(캅사리우스)로 짐작된다.

　　베스파시아누스는 중등교사와 고등교사에게 면세 특
권을 주고 그리스의 우수한 교사가 수도 로마로 이주하도
록 장려했습니다. 이러한 교사의 특권은 뒤에 의사에게도
적용되어 면세뿐 아니라 병역과 부역의 면제로까지 확대
됩니다. 또 교사들의 정점에 선 대학자의 신분을 보장하기
위해 황제 금고에서 급여를 지불하는 일종의 강좌를 개설
했습니다. 현재의 대학 강좌와 같은 것으로서 그리스어 수
사학 강좌와 라틴어 수사학 강좌가 개설되었는데, 라틴어
수사학 강좌는 퀸틸리아누스가 맡았습니다.『연대기』를 비
롯한 역사서를 저술하여 서기 1세기의 로마 사회를 말해주
고 있는 타키투스나, 많은 편지를 통해 당시의 정치 사회
나 일상생활을 우리에게 전하고 있을 뿐 아니라 집정관으

로도 활약했던 소(小)플리니우스는 그의 가르침을 받은 제자들이었습니다.

면세와 같은 세제상의 장려책이 어느 정도의 효과를 거두었는지는 분명하지 않습니다. 로마 제정 시대의 식자율은 고대 사회로서는 상당히 높았다고 추정됩니다. 공공 건축에 새겨진 건립 연대나 기부자의 이름이 축약되어 있는 것은 많은 사람들이 그렇게 써도 내용을 이해할 만큼 교육을 받았기 때문입니다. 또 변경의 주둔지 등에서 얇은 판에 기록된 편지가 출토되는 경우도 있어, 말단 병사조차도 읽고 쓰기가 가능했다는 것을 말해줍니다.

폼페이의 시민 생활

79년 6월 24일, 선제가 병사함으로써 황제가 된 티투스(재위 79~81)는 즉위하고 꼭 두 달이 지난 8월 24일, 일찍이 없던 큰 재해를 경험하게 됩니다. 남이탈리아의 베수비오 산이 분화하여 폼페이와 헤르쿨라네움 등의 주변 도시가 매몰된 것입니다. 이 소식을 접한 황제는 캄파니아 지방 부흥위원회를 편성하여 집정관 출신자를 대표로 삼은 조사단을 현지에 파견했습니다. 분화 당시 북풍이 불고 있었기 때문에 남쪽 산기슭에 위치한 폼페이는 5미터 이상 내려 쌓인 화산재와 자갈로 매몰되었고 헤르쿨라네움도 흘러내린 흙과 모래에 묻혔다는 것을 알았습니다. 부흥위원회는 이들 도시의 복구를 단념하고 피해가 크지 않은 근처의 네아폴리스(현재의 나폴리) 등의 도시에 이재민을 이주시키기로 했습니다. 이재민은 폼페이에만 1만 명쯤 되었고 그들을 받아들일 수 있는 도시는 새로운 구역을 개발해야만 했습니다.

분화로 매몰되기 전의 폼페이는 상업과 농업으로 번창한 전형적인 지방 소도시였습니다. 시의회에 해당하는 시참사회는 100명 혹은 80명의 회원으로 구성되었는데, 모두 폼페이의 오래된 가문이나 명문가 사람들이거나 부호들이었습니다. 그러나 수도의 원로원에서 활약하는 원로원 계급은 없었고 기사계급이 한 명 있을까 하는 정도였습니다. 시장에 해당하는 2인위원과 보좌역에 해당하는 조영위원 선거는 매년 치러졌는데 상당히 치열해서 중심가에 있는 벽에는 누구누구를 위원으로 추천한다는 글이 가득 쓰여 있었습니다. 오늘날의 선거 포스터 같은 것입니다.

식민시 자격을 가진 폼페이는 세금이 면제되었기 때문에 사람들은 혜택 받은 생활을 누리고 있었습니다. 빈부격차는 있었지만 수입에 맞춰 자택을 벽화로 장식하고 대리석으로 된 가구 등을 갖추고 있었습니다. 생활공간을 꾸

폼페이 주변 지도

밀 때의 모델은 기원전 1세기 무렵에는 헬레니즘 세계의 호화로운 궁전이었지만, 서기 1세기가 되면서 수도의 궁전이나 부호들의 저택으로 바뀌었습니다. 따라서 수도의 유행이 폼페이 같은 지방 도시에도 순식간에 퍼지게 되었습니다. 64년에 일어난 로마의 대화재 이후 불타버린 들판에 홀연히 나타난 황금 궁전의 호화찬란한 장식 기법은 폼페이의 '베티우스 형제의 집'이나 '줄리오 폴리비오의 집' 등 부자들의 저택에 재빨리 도입되었습니다.

로마의 평화가 가져온 번영은 가끔 지나친 행동을 초래하기도 했습니다. 폼페이의 원형경기장에서 열린 검투사 경기에서 폼페이의 젊은이들과 이웃 도시 누케리아의 젊은이들이 충돌하여 누케리아 사람들이 많이 죽고 다친 사건이 일어났습니다. 이 일을 누케리아 시민이 원로원에 제소한 결과, 폼페이는 59년부터 10년간 검투사 경기 개최를 금지당했습니다. '빵과 서커스'를 당연하게 여기게 되어 은혜라고 느끼지 않게 됐기 때문입니다.

그런 불상사도 있었지만 시민 대다수는 건실하게 생활했습니다. 공중목욕탕에서 보내는 오후 몇 시간은 시민들의 다시없는 휴식 시간이면서 정보를 교환할 기회이기도 했습니다. 비옥한 주변 경작지에서는 수도에서도 유명한 채소가 생산되었고, 과일도 가지가 휠 정도로 많이 열

(위) 폼페이의 베티우스 형제의 집 내부
(아래) 위 사진의 좌측 벽면을 장식하는, 뱀을 목 졸라
죽이는 아기 헤라클레스를 그린 벽화

렸습니다. 나폴리 만의 어패류나 베수비오 산에서 사냥할 수 있는 야생동물이 식탁을 더욱 풍요롭게 했습니다. 그렇듯 풍족한 생활을 돌연 정지시킨 것이 화산 분화였던 것입니다. 그런데 분화하기 17년 전에 이미 폼페이에는 직하형 지진이 일어났습니다. 오늘날에는 그것을 분화의 전조 현상으로 받아들였을 테지만 당시에는 신의 노여움이라고만 여겼습니다.

유대인과 예수 그리스도

로마 제국의 광대한 영토 안에는 여러 민족이 생활하고 있었습니다. 예전의 에트루리아인이나 카르타고인처럼 로마에 의해 고유의 영토와 민족성이 흔적도 없이 사라진 민족도 있었지만, 게르만인이나 켈트인처럼 제정 시대에 들어서도 고유의 문화를 유지한 민족도 있었습니다. 그중에서 유대인은 민족성을 굳게 지키고 로마가 강요하는 황제 숭배를 거부하며 반란을 일으킬 정도였습니다. 황제로 즉위하기 전 베스파시아누스가 대군을 이끌고 반란 진압을 위해 팔레스티나로 원정했던 것처럼 유대인의 반란은 성가신 문제였습니다. 게다가 그 시대에 유대인은 제국의 여러 도시로 이주하여 그

도시에서 공동체를 형성하고 있었습니다. 예를 들어 알렉산드리아에는 팔레스티나에 거주하는 유대인보다 더 많은 유대인이 생활하면서 종종 폭동을 일으켰습니다. 폭동이나 반란의 원인은 빈곤과 무거운 세금이었는데, 황제 숭배 거부라는 종교 문제가 원인일 때도 있었습니다.

바빌론 유수와 같은 시련을 거치면서 강한 민족의식을 갖게 된 유대인들 사이에서 예수가 태어난 것은 기원전 6년에서 기원전 4년 사이로 추정되고 있습니다. 아우구스투스가 제국의 체제를 정비한 무렵이었는데 유대인으로서는 시련의 시대였습니다. 로마와 우호관계에 있던 혜로데 왕이 기원전 4년에 죽자 유대 왕국은 그의 세 아들에게 분할되었는데, 서기 6년에는 그 대부분이 속주 시리아에 합병되었고 무거운 세금이 부과되었습니다. 게다가 율법을 중시하는 개혁파인 바리사이파와 귀족이나 제사장들이 중심이 된 수구파인 사두가이파의 대립은 더욱 심각해졌습니다.

많은 유대인이 구세주(메시아)의 출현을 기다리던 긴박하고도 혼란스러운 상황에서 예수의 가르침은 유대인들 사이에 점차 확산되어갔습니다. 하지만 그 급진적인 가르침은 유대교의 주류이자 체제옹호파로서는 용인할 수 없는 것이었고, 결국 신을 모독했다는 이유로 예수는 유대

법정에서 유죄를 선고받습니다. 이 죄목 자체는 로마법을 어긴 것은 아니었습니다. 그러나 26년 이래 속주 총독으로 있던 폰티우스 필라투스(빌라도)는 유대인 다수파를 회유할 목적으로 로마법을 확대 해석하여 예수의 책형을 승인했습니다. 처형이 이루어진 해가 언제인지에 대해서는 29년, 30년, 33년 등 여러 가지 설이 있지만 제자들은 예수가 처형되었음에도 불구하고 사후의 부활을 믿고 활발한 포교 활동을 펼칩니다. 성 바오로나 성 베드로의 전도 여행은 동지중해 일대 및 이탈리아를 비롯한 서지중해 일대에서도 이루어졌습니다.

오현제 시대의 시작

플라비우스 왕조 최후의 황제 도미티아누스(재위 81~96)의 타계로 원로원의 대표 격이었던 네르바가 1년 반이라는 짧은 기간 동안 황제로 있었습니다. 그의 재위중에 후계자로 지명된 트라야누스는 98년에 황제의 자리에 올랐습니다. 군단 사령관으로서 혹은 속주 총독으로서 빛나는 경력을 가진 트라야누스는 히스파니아의 세비야 근교 이탈리카 출신이었습니다. 이탈리아 이외의 지역에서 태어난 최초의 황제였지만, 원래는 이탈리아 중부 움브리아 지방의 오래된 명문 출신이며 부친도 각지의 속주 총독으로 활약한 유능한 인물이었습니다.

트라야누스는 솔직한 성격으로 일반 시민과 병사들을 매료시켰지만 원로원 의원들에게는 황제의 권위를 내세웠습니다. 그는 두 번에 걸친 다키아 전쟁에서 다키아(현재의 루마니아)를 정복하고 만년에는 파르티아의 수도 크테시폰을 함락시키는 데 성공합니다. 이 전쟁을 통해 로마 제국은 유례없이 넓은 영토를 가진 대제국이 되어 번영의 절정기를 맞이했습니다(앞의 지도 참조). 그러나 메소포타미아까지 출정한 트라야누스는 건강을 해쳐 117년에 현재의 터키 남부에서 숨을 거둡니다.

후임 황제가 된 사람은 트라야누스의 인척인 하드리아누스(재위 117~138)였습니다. 황제가 된 하드리아누스가 처음으로 손을 댄 사업은 트라야누스가 합병한 도나우 강 하류 일대의 영토와 메소포타미아를 버리는 것이었습니다. 제국 경영이라는 관점에서 군사비 이상의 수입을 거기에서 얻을 수 없었던데다 크게 확장된 국경선을 지키는 것은 군사적으로도 상책이 아니었기 때문입니다.

하드리아누스는 또 제국 전체의 실태를 조사하기 위해 12년간 순행을 하면서 속주의 활성화를 도모합니다. 이렇게 방위와 내정을 중시하는 정책을 통해 로마 제국은 오

트라야누스의 업적을 묘사한 부조(로마, 트라야누스 기념기둥, 부분) 트라야누스 전속 건축가 아폴로도로스의 설계로 고안되어 출진에서 전승까지 기록사진처럼 상세하게 표현되어 있다.

래도록 번영의 시대를 유지할 수 있었지만, 복잡한 성격의 하드리아누스는 트라야누스만큼 대중적 인기를 얻지는 못했습니다. 특히 만년에는 시기와 의심이 심해지면서 원로원 의원을 숙청하기도 하여, 빛나는 업적에 비해 높은 평가를 받지는 못했습니다.

하드리아누스의 후계자가 된 인물은 안토니누스 피우스(재위 138~161)로 선제의 속주 중시 정책을 충실하게 계승했습니다. 그는 세심한 주의를 기울여 분쟁을 전쟁으로까지 비화시키지 않도록 적절하게 처리했습니다. 이 때문에 하드리아누스 시대 이상으로 안토니누스 피우스의 치세는 평온무사한 시대였고 따라서 '역사 없는 시대'라고 불릴 정도입니다. 물론 이런 평화로운 시대가 찾아온 것은 하드리아누스가 평화를 위해 전쟁을 수행하고 평화를 위해 반란을 진압하는 노력이 있었기 때문이며, 이 사실을 안토니누스 피우스 자신도 충분히 인식하고 있었습니다.

철인 황제 마르쿠스 아우렐리우스

하드리아누스는 후계자에 관해서도 생전에 안토니누스 피우스에게 지시를 내렸고 그 지시에 따라 마르쿠스 아우렐리우스가 후계자로 지명됩니다. 일찍부터 후계자로서의 명성이나 실적을 쌓았던 마르쿠스 아우렐리우스는 아주 순조롭게 황제로 즉위했습니다. 게다가 선제가 황제 금고에 6억 7천500만 데나리우스나 되는 거금을 남겨놓았기 때문에 마르쿠스 아우렐리우스(재위 161~180)가 황제가 되었을 때 제국의 번영은 영원히 지속될 것 같았습니다.

하지만 162년 봄, 게르마니아와 아르메니아에서 거의 동시에 반란이 일어납니다. 특히 파르티아의 지원을 받은 아르메니아가 소아시아와 시리아로 출병했습니다. 다행히 로마군은 진군해온 적을 모두 물리쳤을 뿐 아니라 메소

마르쿠스 아우렐리우스에
게 자비를 청하는 마르코
만니족의 수장(로마, 카피
톨리니 미술관)

포타미아를 공격하여 셀레우키아와 유프라테스 강을 끼고
맞은편에 있던 크테시폰을 함락시켜, 동방에서 트라야누
스 이래 가장 빛나는 대승을 거두었습니다.

그러나 승리의 달콤함에 취해 있던 165년 가을, 셀레
우키아에서 돌연 창궐한 전염병이 순식간에 병사들 사이
에 퍼져 로마군은 메소포타미아에서 철수해야만 했습니
다. 게다가 병사들이 귀환하면서 소아시아, 그리스, 이집
트, 이탈리아에까지 전염병이 퍼짐에 따라 제국 각지의 인
구가 30퍼센트 가까이 감소하는 심각한 사태가 벌어졌습
니다.

파르티아 전쟁을 치르기 위해 동방으로 군단을 파견하여 병력이 모자라게 된 게르마니아와 다키아에서는 이민족의 봉기가 잇따랐고 일부는 알프스를 넘어 이탈리아까지 침입해왔습니다. 또 함께 제국을 통치하고 있던 동생 루키우스 베루스가 169년에 갑자기 뇌졸중으로 사망하는 바람에 마르쿠스 아우렐리우스는 친히 군대를 이끌고 제국을 전전해야만 했습니다. 결국 격무에 시달린 마르쿠스 아우렐리우스는 객사하고 맙니다.

젊어서 당시 최고의 학문을 익혀 스토아 철학을 실천한 마르쿠스 아우렐리우스는 철학자로서의 조용하고 소박한 생활을 동경하여 팔라티누스 언덕의 궁전에서 양부 안토니누스 피우스를 보좌하는 정무 외에는 오로지 학자들과의 친목에 시간을 쏟았습니다. 그런 그가 황제 즉위 이후 군대를 이끌고 각지를 전전하는 가운데 군영에서 틈틈이 시간을 아껴 그리스어로 써내려간 것이 『명상록』입니다. 자신에게 하는 말을 기록하는 것이 유일한 즐거움이었다고 생각될 정도로 정무와 군사에 힘쓴 황제는 '의무의 노예'라고 불릴 정도로 자신에게 엄격하고 타인에게 관대한 사람이었지만, 그렇게 노력한 보람도 없이 로마 제국은 점차 혼란과 쇠퇴의 시대로 접어들고 있었습니다. 그리고 '인류 역사상 가장 평화로웠던 시대'로 평가받는 오현제 시대는 마르쿠스 아우렐리우스의 죽음으로 막을 내리게 됩니다.

마르쿠스 아우렐리우스라는 위대한 황제의 맏아들로서 제왕학을 익힌 콤모두스(재위 180~192)에 대해서는 누구나 부친과 같은 위대한 황제가 되리라고 기대하고 있었습니다. 그러나 12년에 걸친 재위 기간에 콤모두스가 공헌한 것이라면 제국의 혼란과 쇠퇴의 속도를 앞당긴 것뿐이었습니다.

ANCIENT ROME

V

제국의
혼란과 해체

로마 제국은 왜 멸망했는가

(위) **아우구스투스**(재위 기원전 27~ 서기 14)**의 데나리우스 은화**
(아래) **갈리에누스**(재위 253~268)**의 안토니니아누스 은화**

세베루스 왕조와 군인 황제 시대

192년 콤모두스가 암살되고 나서 몇 달 사이에 네 사람이 서로 '황제'라 자칭하며 다투었는데, 결국 제위에 오른 사람은 북아프리카 출신의 셉티미우스 세베루스였습니다. 193년의 일입니다. 그가 정식으로 황제로 즉위한 것은 원로원의 승인을 받았기 때문입니다. 다만 원로원에 실제 임명권이 있었던 것은 아닙니다. 어디까지나 군대에서 옹립되어 친위대의 동의를 얻은 뒤 원로원이 추인하는 순서로 일이 이루어졌습니다.

제위가 군대의 의향에 따라 결정된다는 것이 분명해지면서 황제는 병사들에 대한 우대책을 가장 중요한 정책으로 삼았습니다. 그러다보니 병사의 급여를 올렸고, 하사금을 지급했고, 금지되었던 병역중의 결혼도 허락했습니다. 이런 우대책들을 실시했기 때문에 국가 재정은 더욱 악화되었습니다. 게다가 동방에서의 파르티아와의 전쟁, 라인 강 및 도나우 강 유역에서의 이민족과의 전쟁, 그리고 브리타니아에서의 전쟁이 끝나지 않을 것 같은 양상을 띠면서 막대한 군사비가 필요해졌습니다.

셉티미우스 세베루스는 여러 가지 개혁안과 증세책을 내놓으며 이를 해결하기 위해 노력했고, 황제가 된 아들 마르쿠스 아우렐리우스 안토니누스, 통칭 카라칼라(재위 211~217)도 212년에 안토니누스 칙령의 반포라는 획기적인 방책을 내놓습니다. 이 칙령은 로마 제국 내의 모든 자유민에게 로마 시민권을 부여한다는 것이었습니다. 제국 내의 시민권이 없는 자유민에게 시민권을 준다는 지극히 민주적인 방책으로 보이지만 실제 목적은 세금을 늘리는 것이었습니다. 상속세나 노예해방세를 낼 필요가 없었던 자유민에게 시민권을 줌으로써 그런 세금의 납부 의무가 생긴 것입니다.

세금을 더 걷을 수 있게 되었다고 해서 국가 재정이 호전되지는 않았습니다. 라인 강 유역에서 게르만인의 움직임에 대처하는 데만도 거액의 군사비가 필요했기 때문입니다. 팽창하는 군사비와 맞물리듯이 군대의 발언권도 강해졌습니다. 그런 경향과 함께 셉티미우스 세베루스가 이룩한 세베루스 왕조의 황제들이 제위를 잇는 동안에는 황제의 모친이나 측근 등의 궁정 세력이 일정한 영향력을 발휘했습니다. 그러나 세베루스 왕조 최후의 황제 세베루스 알렉산데르가 235년에 살해되면서 군대의 힘과 의향에 맞설 수 있는 세력은 사라졌고 상황은 더욱 혼미해졌습니다.

얼마나 혼란스러운 상황이었는지는 옹립된 황제의 수만 보아도 알 수 있습니다. 235년부터 디오클레티아누스가 즉위하는 284년까지 원로원의 승인을 받은 정통 황제만 26명이었고 그중 24명이 불의의 죽음을 맞았습니다. 또 자칭 황제나 부황제의 수를 더하면 70명이나 됩니다. 그들 대다수는 라인 강, 도나우 강, 유프라테스 강 유역에 주둔하는 군단의 사령관이었기 때문에 이 혼란스러운 50여 년은 '군인 황제 시대'라고 불리고 있습니다.

| **이민족의 침입** | 2세기 후반부터 3세기까지 유라시아 대륙 서부는 민족들이 이동하면서 요동칩니다. 발트 해 주변에 살던 게르 |

만인인 고트족이 로마 제국의 국경 부근을 목표로 이동하

기 시작한 것이 2세기 후반입니다. 동방에서의 전투로 국경을 수비하는 로마군이 부족해진 것이 그러한 이동의 직접적인 원인이었는데, 제국의 풍요가 그들을 매혹시킨 것도 분명합니다. 고트족의 남하는 당연히 로마와 국경을 접한 지역에 살고 있던 다른 부족이나 이민족을 자극했습니다. 마르코만니족, 콰디족, 거기에 사르마타이족이 배후에서 육박해오는 고트족의 압력에 의해 로마 국경 지역으로 밀려나 로마군과 직접 창을 맞대게 되었습니다.

도나우 강 유역을 노리는 고트족에 이어 프랑크족과 알레만니족이 라인 강 방면으로 이동하기 시작하면서 라인 강에서 도나우 강에 걸친 긴 국경선은 여러 이민족이 번갈아 밀려오며 되풀이하는 공격에 시달리게 됩니다. 실제로 습격을 해온 이민족은 부족 단위로 기껏해야 2~3만 명 정도밖에 안 되었지만, 수천 킬로미터에 달하는 국경선을 지키는 각각의 로마 수비대에게는 충분히 부담스러운 병력이었습니다.

고트족의 일부는 238년에 흑해 연안의 도시를 습격했을 뿐 아니라 3세기 중반에는 그리스나 소아시아에도 진출했습니다. 프랑크족도 라인 강을 건너 제국으로 침입해왔고, 알레만니족은 메디올라눔(현재의 밀라노)에까지 도달했습니다. 이같은 상황은 동방이 혼란스러워지면서 더욱 악화되었습니다.

　파르티아를 대신하여 서아시아를 제압한 사산조 페르시아는 옛 아케메네스 왕조로의 복귀라는 명확한 정치이념을 내걸고 로마 영토로 공격해 들어왔습니다. 대군의 공격을 막기 위해서는 황제가 직접 출정해야 했습니다. 수도를 뒤로한 발레리아누스(재위 253~260)는 강적에 맞서 고전했을 뿐 아니라 소아시아에 침입한 고트족이 퇴로를 차단함으로써 260년, 페르시아군에 붙잡히게 됩니다. 로마 황제가 적군의 포로가 된 전대미문의 불명예스러운 사건이었지만 발레리아누스의 아들 갈리에누스(재위 253~268)가 이미 황제와 동등한 지위에 있었기 때문에 큰 혼란이 일어나지는 않았습니다.

　갈리에누스는 대담하다고 할 수 있는 제국 방위 정책을 실시합니다. 동방의 사산조 페르시아의 위협과 북방의 게르만 민족들의 위협을 비교하여 후자의 위협이 제국에 치명적임을 명확히 파악하고 이에 대비하려는 것이었습니다. 이 방침에 따라 기동력이 뛰어난 독립 기마 군단을 창설하여 북방의 방어를 맡기고, 시리아를 중심으로 하는 동방의 방어는 대상(隊商) 도시 팔미라의 수장 오데나토스에게 맡기기로 했습니다. 혼란한 시대에 걸맞은 시의적절한 방침이었지만 오데나토스의 아내 제노비아는 팔미라의 세력을 이집트에까지 펼쳤고, 또 황제를 참칭하는 포스투무스가 갈리아와 브리타니아에 '갈리아 제국'을 수립하는 등 여러 가지 위험은 여전했습니다.

이러한 상황에서 갈리에누스의 노력을 계승하면서 제국 내 질서를 일시적으로나마 회복한 사람이 아우렐리아누스였습니다. 270년, 황제로 즉위한 아우렐리아누스는 독립국 상태였던 갈리아와 브리타니아를 진압한 후, 창끝을 동으로 돌려 팔미라의 여왕 제노비아를 포획하여 로마로 개선했습니다. 그리고 한편으로는 수도 로마에 총 길이 18킬로미터나 되는 성벽을 건설하여 방어 태세를 강화했습니다. 이는 이민족의 위협이 얼마나 급박한 것이었는지를 말해줍니다.

디오클레티아누스와 콘스탄티누스 황제

284년, 일개 병사에서 출세한 디오클레티아누스가 제위에 올랐습니다. 그는 여러 면에서 어려움에 처한 제국의 통치를 원활하고도 강력하게 펴나가기 위해, 또 황제를 참칭하는 자들끼리의 내란을 방지하기 위해 제국을 분할해 통치하는 제도를 도입했습니다. 즉, 디오클레티아누스 자신이 상위 황제로서 동쪽을 통치하고 286년에 같이 제위에 오른 막시미아누스가 서쪽을 통치합니다. 두 황제는 또 부황제를 두어 각각의 영역을 둘로 분할하였으므로 제국 전체로 보면 4분할 통치체제가 되었습니다. 그리고 아우구스투스 이래 계속되어온 속주 제도를 고쳐 50개의 속주로 개편하고, 그 속주들을 다시 적절한 규모로 묶어 12개 관구로 정리했습니다.

그 밖에 군사력 강화, 관료 제도 정비, 인두세와 지세를 합친 카피타티오 유가티오 제도 도입, 인플레이션 억제를 위한 최고 가격령 반포, 권력 강화를 위한 전제군주정 도입 등의 개혁을 정력적으로 추진했습니다. 그러나 제국의 쇠퇴를 막을 정도의 효과는 발휘하지 못했고, 305년에 디오클레티아누스는 병을 이유로 아드리아 해에 면한 스팔라토 궁전으로 물러납니다.

디오클레티아누스의 은퇴 이후 제국은 다시 혼미한 권력 투쟁의 도가니로 변했습니다. 브리타니아에서 황제로 추대된 콘스탄티누스(재위 306~337)는 312년에 로마 북단의 밀비우스 다리에서 벌어진 전투에서 최강의 라이벌이었던 막센티우스를 익사시키고 승리를 거둡니다. 콘스탄티누스는 이 전투에서 십자가를 보았다고 교회사가가 기록하고 있습니다. 그런 경험 때문이었는지 이듬해에 그리스도교를 공인하는 저 유명한 '밀라노 칙령'이 반포되었습니다. 당시 그리스도교를 인정하느냐 마느냐는 큰 정치 문제였기 때문에 이 칙령 역시 패권 다툼에서 주도권을 잡기 위한 방책이기도 했습니다. 콘스탄티누스는 이러한 방책을 구사하여 324년에 드디어 로마 제국을 재통일하는 데 성공합니다.

동서로 분열된 로마 제국

콘스탄티누스의 제국 경영은 본질적으로 디오클레티아누스의 노선을 계승한 것이었습니다. 황제의 전제 지배를 더욱 강화하기 위해 궁정 관료 집단을 정비했습니다. 그리고 황제의 칭호로 쓰이게 된 '우리의 주인'이라는 말에서도 드러나듯이 전제군주정이 정착되었습니다. 이 새로운 체제를 더욱 강화하기 위해 콘스탄티누스는 330년에 콘스탄티노폴리스(현재의 이스탄불)를 로마에 버금가는 수도로 만들기로 결정했습니다. 대등한 지위라고는 해도 로마는 옛 시대를 상징하는 이교도의 도시이고, 콘스탄티노폴리스는 새 시대를 열어가는 그리스도교도의 도시로서 큰 건설 사업이 곳곳에서 시작되었습니다. 수도를 옮기는 것이나 마찬가지라는 사실은 누가 봐도 분명했습니다. 그리하여 정치와 경제의 중심이 동방

3~4세기의 로마 제국

---- 12관구의 경계선

[██████] 동로마 제국과 서로마 제국의 경계선(395년 분할)

으로 옮겨지고 서방은 더 정체되고 혼란스러워졌습니다. 게다가 동방과 서방의 통일을 위해 노력했던 테오도시우스가 395년에 서거하면서 제국은 두 아들에게 분할되었고, 다시는 통일되지 않은 채 동로마 제국과 서로마 제국으로 갈라졌습니다.

아우구스투스가 확립한 원수정이 디오클레티아누스에 의한 전제군주정으로 이행했을 때부터 로마 제국의 체제는 크게 변화했습니다. 그러나 이 단계에서도 거의 예전의 로마 영토에 가까운 영역을 계속 지배하고 있었기 때문에 로마 제국은 여전히 지속되고 있었고 서로마 제국이 멸망하는 476년까지 존속했다고 볼 수 있습니다. 하지만 실질적으로는 동서로 분열되었을 때를 로마 제국의 종언이라고 생각할 수도 있습니다.

로마 제국은 왜 멸망했는가

로마 제국이 출현하기 이전에 지중해 세계는 곳곳에서 전쟁을 반복하고 있었습니다. 그러나 지중해 세계 전체가 로마 제국으로서 하나의 나라가 되면서부터 전쟁은 사라지고 '로마의 평화'가 실현되었습니다. 이 사실에서 그때까지의 전쟁은 지중해 세계가 몇 개의 나라로 나뉘어 있었기 때문에 일어났다고 할 수 있습니다. 물론 전쟁의 이유로 영토 확장이나 전리품 획득, 식량이나 자원의 확보 등을 생각할 수 있지만 근본적인 원인은 지중해 세계가 몇 개나 되는 나라로 분열해 있었던 데 있습니다.

언어나 종교, 생활습관이 같은 사람들만 모여 하나의 나라를 만들 수 있다면 그 안에서의 삶은 편안한 것이겠지요. 단, 의식주 중 특히 먹을거리가 어느 정도 확보된다는 조건하에서 그러합니다. 로마 제국이 지중해 세계를 하나의 나라로 통합하기 전에 몇 개로 나뉘어 있던 그 나라들에서 만족스러운 삶이 가능했는가 하면 그렇지는 않았다고 할 수 있습니다.

고대의 지중해 세계는 전체적으로 6천만 내지 7천만 명 정도의 인구를 부양할 만한 식량을 생산할 수 있었습니다. 그러나 이집트의 나일 강 하류 델타 지역이나 카르타고 주변처럼 땅이 기름지고 잉여 농산물을 생산할 수 있는 지역도 있고, 그리스 본토처럼 항상 식량이 부족한 지역도 있었습니다. 이 때문에 그리스인은 일찍부터 지중해 각지로 이주하여 부족한 식량을 보충했습니다. 식비를 줄이면서 현지에서 생산한 식량을 모국으로 보내는 이중적 의미의 보충입니다. 즉, 잉여 농산물을 부족한 지역에 재분배

할 수 있다면 언어나 종교, 생활습관이 같은 사람들이 모인 나라들 역시 존속할 수 있었습니다. 하지만 여러 나라 사이에서 재분배 시스템을 구축할 수 없었고, 찬탈하고 독점하기 위한 전쟁이 지중해 세계에서 끊임없이 일어날 수밖에 없었습니다.

카이사르와 아우구스투스에 의해 구축된 로마 제국은 몇 개의 나라로 나뉘어 있던 지중해 세계를 단일 국가로 통합함에 따라 식량을 재분배하는 데 이상적인 조건을 갖추게 됩니다. 물론 수송 선단이나 항만 시설의 정비 등 재분배를 위한 기반을 강화함으로써 비로소 재분배 시스템이 만들어졌습니다. 아우구스투스를 비롯한 역대 황제는 이러한 기반 강화에 힘써 하드리아누스 시대에 거의 완성 단계에 도달했습니다.

식량의 재분배 시스템과 병행하여 정비된 것이 도시 네트워크입니다. 기원전 7세기 이후 지중해 세계의 융성은 도시의 발전에 의해 유지되었습니다. 따라서 고대의 지중해 문화란 도시문화라고 할 수 있습니다. 도시의 역할이 컸기 때문에 아우구스투스는 제국 곳곳에 120개나 되는 도시를 건설하여 로마 제국의 안정을 꾀했습니다. 공공 건축이나 상하수도 등 사회 기반 시설이 충실한 도시가 생기면서 주변의 주민들은 로마의 혁신성과 위대함을 이해할 수

타볼라 트라야나(도나우 강)
다키아 전쟁 때 건설된 군용 도로의 비문.

있었고, 도시 로마에 대한 동경은 주변 지역의 로마화에 공헌했습니다. 기존 도시와 새로 건설된 도시는 가도로 연결되어 도시를 거점으로 삼은 네트워크가 구축되었습니다.

　네트워크의 주변부, 즉 국경 인근에는 로마군 수비대가 배치되었습니다. 이러한 수비대 주둔기지는 배후에 있는 여러 도시와 군용 도로로 연결되어 있었습니다. 도시 및 주둔기지를 잇는 도로에 의한 네트워크를 로마인이 얼마나 중시했는지는 트라야누스가 점령한 다키아에서 분명하게 확인할 수 있습니다. 106년에 로마의 속주가 된 다키아에서는 그후 약 10년 동안 총 길이가 4천 킬로미터나 되는 도로망이 정비됩니다. 이 도로들은 그물망처럼 연결되었기 때문에 외적이 한 도로를 끊는다고 해도 다른 루트를 사용할 수 있었습니다.

이러한 사회 기반 시설 정비에는 거액의 비용이 들었지만, 다행히 다키아에서 양질의 금광이 발견되어 그 지출을 충분히 감당할 수 있었습니다. 그러나 새로운 부의 획득은 다키아가 마지막이었습니다. 이때 이후로 로마 제국이 보유한 부의 총량을 증가시킬 수 있는 정복은 완전히 사라졌습니다. 영토 확대 정책을 포기하기로 한 하드리아누스는 제국이라는 범위 안에서 경제 활동을 활성화하고자 애썼습니다. 이것은 속주 중시 정책으로서 내수를 확대하기 위한 정책입니다. 황제가 속주 곳곳을 방문하여 적절한 지시를 내리고 중앙정부의 지원을 약속함으로써 내수가 확대되고 속주 경제도 호전되었습니다. 하지만 그것이 언제까지나 지속될 수는 없었고, 경제 활동을 자극하는 새로운 방책이 필요했는데, 하드리아누스 이후의 황제들에게는 효과적인 방책이 더이상 남아 있지 않았습니다. 그뿐 아니라 마르쿠스 아우렐리우스 시대부터 북방과 동방에서 전쟁이 시작됩니다.

아우구스투스는 북방과 동방에서의 전쟁을 엄격히 금

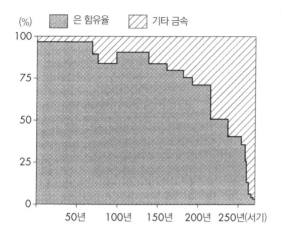

로마 제국의 데나리우스 은화의 함유율

(출처: J. P. C. 켄트, 『로마 주화Roman Coins』, 1978)

지했습니다. 그러나 이것은 전쟁의 주도권을 쥐고 있을 때 가능한 이야기입니다. 적이 주도권을 쥐고 양쪽을 공격해 오면 방어하는 쪽도 양쪽으로 대응해야만 합니다. 게다가 양쪽에서 전쟁을 치르려면 병사의 수와 군사비를 늘려야 합니다. 국가 재정의 상당 부분을 차지하고 있던 군사비를 같은 재정 규모 안에서 더 늘릴 수는 없습니다. 이 때문에 증세를 했지만 거기에도 한도가 있기 때문에 제국 내 모든 자유민에게 시민권을 준다고 하는, 국가의 근간을 바꿀 만 한 정책을 실시해서라도 세금을 더 거두어들이려는 비상 수단을 썼습니다.

증세에 따른 재정 규모의 확대와 팽창하는 군사비 때문에 결국 인플레이션 위험이 높아졌습니다. 이러한 인플레이션 위험이 순식간에 드러나게 된 것은 3세기에 들어서부터였는데, 열악한 품질의 화폐를 주조함으로써 인플레이션은 더욱 악화되었습니다. 황제들은 세금을 더 걷기 위해 범죄나 다름없는 정책을 실시한 것입니다. 예를 들어 아우구스투스 시대의 은화는 은 함유율이 95퍼센트가 넘었지만 군인 황제 시대인 3세기 중반에는 은 함유율이 3퍼센트 이하로까지 떨어졌고, 260년에는 은 도금을 한 청동화인 안토니니아누스 은화까지 등장했습니다. 이런 어처구니없는 은화가 나오게 된 것은 예컨대 하나의 옛 은화를 녹인 다음 순도를 낮춰 두 개의 은화를 새로 주조하는 식으로 바꿔서 세금을 더 걷으려 했기 때문입니다. 이런 일은 황제가 바뀔 때마다 반복되었고, 그 결과 단기간에 몇십 배나 되는 인플레이션이 일어나 로마 경제를 피폐하게 만들었습니다.

무거운 세금이 부과되고 인플레이션이 일어나면서 부자도 가난한 사람도 경제적인 부담을 견디지 못하고 자급자족과 같은 소극적인 생활양식을 택하게 되었습니다. 시장에 유통되는 상품은 감소했고 경제는 끊임없이 위축되었습니다. 이에 황제들은 추가로 증세를 하려 했고, 부자나 자산가는 도시를 버리고 시골 별장에 틀어박혔습니다. 행정은 기능 정지 상태가 되었습니다. 꽉 막힌 사회상황은 사람들의 기분에도 큰 영향을 끼쳐 사소한 기후 변화나 개인적 불행에도 과잉반응을 보였고 사회의 활력은 떨어졌습니다.

로마 제국이 번영하게 된 가장 큰 이유는 지중해 세계를 단일국가로 통합하고 그 세계에 평화를 가져온 데 있었습니다. 게다가 제국 내부는 그물 같은 도로망으로 연결되어 물자와 사람과 정보가 오가는 시스템이 확립되어 있었습니다. 하지만 이중 삼중으로 둘러싸인 도로망조차도 국경 지역에서는 끊어져버렸습니다. 특히 군인 황제 시대에는 로마 제국 전체의 톱니바퀴가 역회전을 시작한 것 같은 상황이 두드러지기 시작했습니다. 로마 제국의 장점은 고도로 발달한 사람·물자·정보의 네트워크 시스템과 현실에 맞는 속주 지배로 유지된 광대한 영토였습니다. 그러나 네트워크 시스템이 지나치게 발달한 탓에 오히려 종국에는 취약해졌고, 각지에 배치된 군단이 머리를 치켜들었으며, 광대한 영토는 통일적 지배를 어렵게 만들었습니다. 제국의 장점이 오히려 제국을 약화시키는 요인으로 바뀐 것입니다.

이러한 경향이 한층 더 심해지면서 로마 제국은 멸망

했습니다. 하지만 멸망의 원인을 하나의 요소, 하나의 현상에서만 찾을 수는 없습니다. 쇠퇴 증후군과도 같은 상황에 여러 가지 요인이 겹치면서 멸망하는 속도가 빨라졌다고 할 수 있습니다.

　아무리 위대한 국가나 훌륭한 조직도 언젠가는 시대에 뒤처지고 사회에 적응하지 못하면서 종언을 맞는다는 것을 로마 제국의 멸망이 말해주고 있는 것은 아닐까요?

로마 제국 관련 연표

기원전

1184년경	트로이가 그리스에 의해 멸망당함.
753	로물루스의 로마 건국 (전승).
577	6대 왕 세르비우스 툴리우스가 켄투리아 제도를 창시 (전승).
509	로마에서 왕정 폐지, 공화정 시작.
494	성산 사건이 일어나 호민관이 설치됨.
450년경	로마 최초의 성문법 '12표법'이 제정됨.
445	귀족과 평민 사이의 결혼이 인정됨.
390	켈트인이 로마에 침공.
367	리키니우스–섹스티우스법이 제정됨 (집정관 두 명 중 한 명을 평민에서 선출).
343	제1차 삼니움 전쟁 (~기원전 341).
340	라틴 동맹 전쟁 (~기원전 338).
327	제2차 삼니움 전쟁 (~기원전 304).
312	아피아 가도 건설 시작.
298	제3차 삼니움 전쟁 (~기원전 290)
287	호르텐시우스법 성립 (평민회 결의가 로마 시민 전체를 규정).
280	에페이로스 왕 피로스가 이탈리아에 원정 (~기원전 275).
264	카르타고와의 제1차 포에니 전쟁이 일어남 (~기원전 241).
241	시칠리아가 로마 최초의 속주가 됨.
227	사르데냐와 코르시카가 속주가 됨.
218	제2차 포에니 전쟁 (~기원전 201).
216	칸나이 전투에서 한니발이 로마군을 격파.
215	제1차 마케도니아 전쟁 (~기원전 205).

36).

서기

교양인을 위한 로마사

초판 1쇄 인쇄 2016년 2월 12일
초판 1쇄 발행 2016년 2월 22일

지은이 아오야기 마사노리
옮긴이 강원주
펴낸이 염현숙
편집인 신정민

편집 최연희 지비원
디자인 강혜림
저작권 한문숙 박혜연 김지영
마케팅 방미연 최향모 함유지
홍보 김희숙 김상만 한수진 이천희
제작 강신은 김동욱 임현식

제작처 영신사
펴낸곳 (주)문학동네
출판등록 1993년 10월 22일
제406-2003-000045호
임프린트 교유서가
주소 10881 경기도 파주시 회동길 210
문의전화 031) 955-1935(마케팅)
031) 955-2692(편집)
팩스 031) 955-8855
전자우편 gyoyuseoga@naver.com
ISBN 978-89-546-3964-4 03920

● 이 도서의 국립중앙도서관 출판예정도서목록(CIP)은
서지정보유통지원시스템 홈페이지(http://seoji.nl.go.kr)와
국가자료공동목록시스템(http://www.nl.go.kr/kolisnet)에서 이용하실 수 있습니다.
(CIP제어번호: CIP2016002978)

www.munhak.com